III

生徒指導研究のフロンティア
シリーズ

森田洋司／山下一夫
［監修］

チーム学校時代の
生徒指導

佐古秀一［編著］

Ｇ学事出版

シリーズ
『生徒指導研究のフロンティア』
趣旨

　本シリーズは、生徒指導の第一線に立つ研究者、教育行政関係者、現場教師の叡智や実践を集め、これまでの生徒指導を総括するとともに、新しい時代の生徒指導を構築していくために企画されました。
　そのねらい、目指すものは以下の通りです。

・これからの社会の方向性と将来を担う子どもたちに必要とされる資質・能力とは何かを明らかにし、場当たり的なその日暮らしの指導ではなく、中・長期的視野に立った生徒指導の考え方と実践の方向性を提示する

・新学習指導要領や第三期教育振興計画など、現在進行している新たな教育改革・学校改革の動向を踏まえた生徒指導を提案する

・最新の国内外の研究や新しい教育の流れをベースにして、これからの生徒指導の新たな地平を切り開く内容を盛り込む

・使い手の視点に立って明日からにでも役立つ指導や実践を示しながらも、研究・実践や調査から得られた知見をその背後で裏打ちすることによって、読者が自信をもって指導に臨むことのできる内容を示す

・多様化し複雑化する児童生徒の問題に直面して抱く読み手のさまざまな悩みや指導の手詰まり感・疲弊感を乗り越え、学校現場に明日に向かう力を与える

　本シリーズが、日々の生徒指導実践の一助になることを願っています。

監修者　森田洋司

山下一夫

第3巻のねらい

生徒指導のこれからを外延から考える

　本シリーズ全体の監修者である森田洋司先生から、本巻の構想をお聞きしたのは 2018 年の 2 月頃であったように思う。先生は、「経営という観点を入れて生徒指導を考察したい、そこから生徒指導の新しい展開を考えたい」というような話をされた。東京の喫茶店で煙草をくゆらせながらおっしゃった言葉で、生徒指導の素人である私に編集を依頼された理由が分かったような気持ちになってしまい、軽率にもお引き受けしたのである。

　鳴門教育大学においていじめ防止事業に関わっていたご縁で、森田先生の講演を 10 回ほどは聞かせていただいていた。その中で、先生が強調されていた問題の一つが、いじめの防止や対応は、組織的に取り組むことが必要であるにもかかわらず、それがなかなかできていない学校の現状である。その理由として先生がたびたび言及されていたことは、学校組織の個業的傾向であった。つまり、学校では教職員の自己完結的な課業として教育活動が遂行される傾向が強く、教室で生じていることや教職員が気になっていることが学校全体の対応や教育活動改善の手立てとして結実しにくいという学校組織の基本的な問題である。森田先生からこの話を聞き、私は、自分の研究の基本的な枠組みが決して的外れでなかったと意を強くしたものである。というのも私は、実証的な研究をもとに学校の個業的傾向を学校組織改善のターゲットとして措定し、学校組織開発に関する実践的研究をすすめてきたからである。

　私にこのような思いがあったが故に、専門外の生徒指導の書物の編集をお引き受けしたのであるが、書物の内容構成をどうするか、全くイメージがつかめなかった。森田先生ならびに鳴門教育大学長の山下先生にアドバイスをいただきながら、暗中模索で構成案を作成した。

　森田先生からいただいたお題、「組織的に取り組む生徒指導」に対して、私が設定した問題は、次の 2 つである。

第一は、チーム学校というコンセプトを、生徒指導に引きつけてその内実を明らかにすることである。2015（平成27）年に発表された中教審答申「チームとしての学校の在り方と今後の改善方策について」は、「組織的」という意味内容を大きく拡大した。わが国の学校が直面している教育課題に対して、学校のあるべき姿を2つの局面に区分して示した。すなわち、「個々の教員が個別に教育活動に取り組むのではなく、校長のリーダーシップの下、学校のマネジメントを強化し、組織として教育活動に取り組む体制を創り上げるとともに、必要な指導体制を整備することが必要である。その上で、生徒指導や特別支援教育等を充実していくために、学校や教員が心理や福祉等の専門家（専門スタッフ）や専門機関と連携・分担する体制を整備し、学校の機能を強化していくことが重要である。」と述べている。ここには、教職員の組織化とともに、教職員以外の専門家、関係者（機関）との連携協働が強調されている。「組織的」というコンセプトが、ともすると、学校の内部組織に限定して捉えられがちであるのに対して、今後の学校の在り方として、教職員組織にとどまらず、専門家、関係機関との連携を含めて組織的に取り組むことを示したのである。

　率直に言って、個業性を基本的な傾向とする学校組織において、内部組織の協働化さえ進みづらい現状にあって、専門家や関係機関を含めて「組織的」に取り組むことは、容易に実現することではないと思う。しかし、今後の生徒指導においてはこのことを欠くわけにはいかないだろう。教職員と多様な専門家との協働において生徒指導の充実を実現する可能性と課題に関する理論的考察や、これからの実践をリードするであろう意欲的なモデルや事例をこの時点で示しておくことは、今後の生徒指導の展開にとって意義あることと思われる。これが本巻の第一の問題意識である。

　第二には、学校の教育活動がその領域ごとに断片化されていて、生徒指導に関わる学校の課題、目的を追求することが難しくなっているのではないか、ということである。そもそも生徒指導の積極的な意義について『生徒指導提要』は、「一人一人の児童生徒の人格を尊重し、個性の伸長を図りながら、社会的資質や行動力を高めることを目指して行われる教育活動のことです。すなわち、生徒指導は、すべての児童生徒のそれぞれの人格の

よりよき発達を目指すとともに、学校生活がすべての児童生徒にとって有意義で興味深く、充実したものになることを目指しています。」としている。このようなまさに人間としての在り方を追求する教育活動は、もちろん特定の時間や活動において実現できるものではない。教職員が携わる広範囲の教育活動を通して追求されるものであり、その中にそれぞれの学校の生徒指導に関わる課題や目的を志向することが求められるのであろう。このような状況が学校に実現していれば、仮に教職員が統一的な指導を実施していなくても、それぞれの教育活動で生徒指導に関わる目的、課題を共有し追求しているという意味において、組織的な生徒指導が実現していると考えられる。

　それができていないとすれば、それは教職員が携わっている教育活動が、その領域ごとに断片化されており、生徒指導との関わりやつながりが見えていないからではないだろうか？　本巻では、領域ごとに断片化しがちな教育活動を、一旦生徒指導の観点で横串を通して整理してみようと考えた。特に本巻では生徒指導と比較的近接していると思われる領域を中心に取り上げ、生徒指導との連関、関係を考察することにした。そこから学校教育を通した生徒指導の成立可能性を考え、さらに教育活動の断片化を抑制するための経営的な考え方や方法論を明らかにする。これが本巻の第二の問題意識である。

　以上のことから、執筆者の先生方には難しいテーマで原稿を書いていただくことになったが、快くお引き受け下さり、限られたページ数の中でそれぞれの考え方や研究成果をおまとめいただいた。編者の無理な要求に応えて下さった執筆者の皆様には心から謝意を表したい。

　誠に残念なことは、森田先生が 2019 年末に急逝されたことである。編者の怠慢のため、本巻の刊行が大幅に遅れ、先生に見ていただくことができなかったことは、返す返すも残念なことである。本書を見ていただきながら、今後の学校や教育の在り方について先生からご示唆を得たかった。

2020 年 10 月　コロナ禍の初秋を迎えて

鳴門教育大学　佐古秀一

目　次

第3章　生徒指導と教育活動の連携統合　99

第1章

チーム学校と生徒指導

I チーム学校時代の 生徒指導と学校経営

千葉大学特任教授　天笠　茂

1　これからの生徒指導

（1）生徒指導とは─社会的自立を促す─

　生徒指導とは、児童生徒の社会的自立を支え促す働きかけを内包させた教育活動である。文部科学省『生徒指導提要』（2010（平成 22）年）には、「生徒指導とは、一人一人の児童生徒の人格を尊重し、個性の伸長を図りながら、社会的資質や行動力を高めることを目指して行われる教育活動」（p. 1）とある。

　生徒指導は、「個性」、「社会的資質」、「行動力」などのキーワードに表されているように、問題行動や非行対応にとどまるものでなく、一人一人の幸せの実現と社会の発展を目指し、健全な成長や社会的自立を図り社会的リテラシーの育成を図る働きかけである。

　森田洋司は、社会的なリテラシーが、「社会の中で、その時々の状況を判断しながら、それらを適切に行使することによって、個人と社会の目的を達成していく包括的・総合的な能力」であるとし、その育成が生徒指導の最終目的であると指摘している[1]。

　一方、生徒指導をめぐる今日的課題の一つに「いじめ」問題への対応がある。「いじめ」の背景には、人格や人権について理解の欠落や、それを尊重する意識や精神の未発達に起因するところがあり、その意味からも、人間としての成長を働きかける生徒指導の果たすべき役割は少なくない。

　その「いじめ」への対応として、いじめ防止対策推進法の遵守がある。同法は、いじめ防止のため国および地方公共団体の責務を明確にし、その防止のための対策として基本となる事項を定め、総合的かつ効果的に推進

することを目的に定められた法律である。2013（平成25）年6月に公布された。また、同法は、「いじめ」を当該児童生徒と一定の人的関係にある他の児童生徒が行う心理的または物理的な影響を与える行為（インターネットを通じて行われるものを含む。）として捉え、その行為による対象児童生徒の心身の苦痛を重視している。

　その上で、学校の設置者および学校が講ずべき基本的施策として、道徳教育等の充実、早期発見のための措置、相談体制の整備、いじめの防止等の対策に従事する人材の確保等、調査研究の推進、啓発活動などと共に、インターネットを通じて行われるいじめに対する対策の推進を挙げている。

　このように、いじめに対する対策として挙げられたものは、いずれもが生徒指導の手立てとして取り組んできたものでもある。まさに、いじめ防止は、生徒指導の推進にかかっているといっても過言でない。

　なお、同法は、学校について、いじめの防止等に関する措置を実効的に行うため、複数の教職員、心理、福祉等の専門家その他の関係者により構成される組織を置くこと、とある。

（2）資質・能力の育成と生徒指導—新たな学習指導要領と生徒指導—

　一方、資質・能力の育成を掲げ授業改善を迫るこのたびの学習指導要領の改訂について、生徒指導との関係を捉えておく必要がある。「主体的・対話的で深い学び」の実現も生徒指導による支えが欠かせず、自己の可能性の開発を援助したり、共感的な人間関係を育てるなどの生徒指導の機能を生かした授業改善が問われることになる。学習指導要領の改訂にあたり、生徒指導に関連する点がどのように提起されたか押さえておきたい。

　第1に、総則において「発達の支援」が位置づけられたことである。新学習指導要領の第1章総則では、「発達の支援」が新たに設けられ、小・中・高等学校に共通して学級（ホームルーム）経営の充実、キャリア教育の充実が明記され、生徒指導の充実が目指されたことである。

　総則の「第4　児童（生徒）の発達の支援」は、「児童の発達を支える指導の充実」、および、「特別な配慮を必要とする児童への指導」より成り立っており、多くは生徒指導にあたっての配慮事項といってもよく、次の点が挙げられている。

①学級経営の充実を図る。

②ガイダンスとカウンセリングの双方により、発達を支援する。

③学年の時期の特長を生かした指導を工夫する。

④児童（生徒）理解を深め、学習指導と関連づけながら生徒指導の充実を図る。

⑤社会的・職業的自立に向けて特別活動を要にキャリア教育の充実を図る。

⑥主体的に進路を選択することができるよう、組織的かつ計画的な進路指導を行う（中学校）。

⑦指導方法や指導体制の工夫改善により、個に応じた指導の充実を図る。

　ここで注視すべきことは、教育課程の編成に際して基準を示す学習指導要領総則において生徒指導に関わる領域が位置づけられ、関連する事項が示されたことであり、そのことを通して、学習指導と生徒指導の融合がうたわれたことである。

　第2に、キャリア教育の充実がうたわれ、特別活動を要とすることが明記されたことである。新学習指導要領総則は、「児童（生徒）が、学ぶことと自己も将来とのつながりを見通しながら、社会的・職業的自立に向けて必要な基盤となる資質・能力を身につけていくことができるよう、特別活動を要としつつ各教科等の特質に応じて、キャリア教育の充実を図ること」と示している。

　将来の夢を描くことのみを強調する指導を問い直し、教育活動全体を通して系統的・体系的なキャリア教育の推進を図るねらいが示されている。

　キャリア教育の要として位置づけられたのが特別活動であり学級活動である。小・中学校の学級活動の内容は、（1）学級や学校における生活づくりへの参画　（2）日常の生活や学習への適応と自己の成長および健康安全　（3）一人一人のキャリア形成と自己実現、とされている。

　教育活動全体の取組と自己の将来や社会づくりとを結び付けるに当たり、学級活動をはじめとする特別活動に「要」としての役割を求めたということである。

　第3に、小・中・高等学校を一貫して学級（ホームルーム）経営の充実

が明記されたことである。学級経営の充実は、これまで小学校の学習指導要領総則に示されるにとどまっていた。それに対して、このたびの改訂では、小学校と共に新たに中学校、さらには高等学校を加えて「学級経営（ホームルーム経営）の充実を図ること」が明記された。高等学校学習指導要領総則には、「学習や生活の基盤として、教師と生徒との信頼関係及び生徒相互のよりよい人間関係を育てるため、日頃からホームルーム経営の充実を図ること」とある。

　小・中・高等学校と一貫して安心して日々の学校生活を送ることのできる学びと生活の場として学級の在り方が求められ、信頼関係と人間関係のある学級（ホームルーム）を育てる学級経営（ホームルーム経営）が問われることになった。それは、一貫した学級経営を通して、一貫した生徒指導の在り方を問うものでもある。

　いずれにしても、このたびの学習指導要領改訂の目指すところが、資質・能力の育成を目指し授業の改善を通した教育の質的転換にある。その一環として「主体的・対話的で深い学び」が提起された。これに生徒指導は、どのように関係するか。それは一言でいうならば、授業改善に生徒指導の機能を介在させるということである。

　そこには、学習指導と生徒指導のバランスのとれた実践の大切さ、生徒指導の機能を生かした授業の重要性を確認しつつ、その展開と実現を図る持続的な取組が学校経営上の課題である。改めて、"生徒指導の三機能を生かした授業"、すなわち、①児童生徒に自己存在感をもたせること　②共感的な人間関係を育成すること　③自己決定の場を設け自己の可能性の開発を援助すること、について、今日的文脈のもとに、その問い直しと意義の確認が求められるところである。

（3）生徒指導を指導していく組織や体制

　では、これら複雑で困難な問題への対応を求められる生徒指導をどのような体制をもって、いかに向き合っていくか。このたびの学習指導要領改訂を契機にして、学級経営や学級活動の充実が一層求められており、学級担任への期待が増していることは確かである。生徒指導にとって学級における学級担任の存在が大きなウエイトを占めることは、いつの時代におい

ても変わらないということでもある。

　しかし、学級担任一人で生徒指導の全てを背負いきれるものでない、と
いっても過言でない。連携とか、協力とか、支援の必要性がいわれて当然
ということになる。

　では、どのような連携なのか。協力なのか。あるいは、学級担任に向け
ての支援体制はどのように整えたらよいか。いろいろ言われてはいるもの
の、実際には、協働を図り組織を整えることも容易なことではない。「チー
ムとしての学校」がいわれる時代にあって、一体、生徒指導をめぐる組織
や協力体制はどうあったらよいか。生徒指導をめぐる今日的課題として、
改めて、その組織の在り方を究明してみたい。

2　チーム学校時代とは

（1）学級担任が全てを引き受けていた時代

　我が国の生徒指導の歩みにとって、学級担任制の存在は大きな意味を
もっている。学級担任制は、一定数の児童生徒を一つの教室において、一
人の学級担任が指導を担当する指導組織であり、教職員配置の根幹をなす
制度である。それは、各教室において、一人の学級担任が生徒指導のほぼ
全てを引き受けるというシステムということもできる。その意味で、生徒
指導は、それぞれの教室において学級経営の名のもとになされる教育実践
ということができ、それは長い歴史をもっているということもできる。し
かも、学級担任が生徒指導の多くを引き受けるという実態は、過去の時代
のものというよりも、現在も維持されている。

　このような、学級担任制の長年にわたる維持が、我が国の学校組織の独
特の特徴をなしてきたということもでき、それは、また、多様なスタッフ
の配置を阻む方向で働いてきたことも否めない。

　学校の組織はいろいろな職種によって成り立っている。例えば、養護教
諭、栄養教諭、栄養士、学校事務職員、主事などが置かれ、また、学校の
直接のスタッフというわけではないにしても校医などもなくてはならない
存在である。

　しかし、これらスタッフの存在は、学級経営を担う教諭に比べて数も限られ設置されてきたペースも緩やかであり、そこからは、学級担任制を前提に人的資源の集中を図ってきた歴史を読み取ることができる。

（2）"生徒指導は全教職員で取り組む"ということ

　もっとも、学級担任による自己完結型の生徒指導体制については、全教職員による連携と協働による生徒指導の立場から批判的に捉えられてきた。すなわち、生徒指導の困難さは、その時代の課題を背負ったものであって、一人で抱え込むことなく、学校全体で全ての教職員が組織を上げて担うべきものであるということが主張されてきた。

　この立場からは、生徒指導は、学級内に限定された教育活動にとどまるものではなく、学校の教育活動全般に密接不離な関係として存在しており、全ての関係者が担うものと説かれてきた。また、生徒指導組織についても、校務分掌上の生徒指導部の機構にとどまるものではなく、生徒指導に関わる指導を分担する全校教職員による組織として捉えることが強調されてきた。

　その一方、連携・協力といった場合、関係諸機関・団体との関係について語る際に用いられている。非行問題への対応に当たり、相談機関、福祉関係機関、健全育成関係団体など関係機関や団体との連携を求め、その連絡調整機能の不在を指摘するといった具合に。

　1980年代に著された、吉本二郎・真野宮雄・宇留田敬一編『新教育を創造する学校経営④　全教職員で担う児童・生徒指導の経営』東京書籍、1980年、宇留田敬一編『生徒指導のための学校経営』明治図書、1982年、などは、組織的な生徒指導および指導体制を説いた代表的な著作ということができる。

　これら著作は、生徒指導をめぐり課題が深刻化する時代を背景にして連携・協力による組織的な生徒指導を説いており、今日につながる生徒指導をめぐる組織論の源流といえるものである。

（3）学校内外の多様な人材の活用が提起された時代

　このような学級担任個々の技量がものをいう生徒指導から、教師間の連携・協力による協働がものをいう生徒指導に、さらには、学校という組織

のマネジメントがものをいう生徒指導への転換が説かれる中で、中央教育審議会「答申」も無視することはできない。

　生徒指導をめぐる指導体制についての提言として、まずは、中央教育審議会答申「21世紀を展望した我が国の教育の在り方」(1996(平成8)年7月19日)は、新しい学校教育のための条件整備に言及する中で、いじめや登校拒否などの課題への対処として次のように述べている。

　「学校として校長のリーダーシップの下、教諭、養護教諭、学校栄養職員、事務職員などすべての教職員が相互に協力しつつ、一体となって取り組むことはもとより、学校医、学校歯科医、学校薬剤師、スクールカウンセラー、市町村の教育相談員、などそれぞれの分野で専門知識を持つ専門家とも積極的に連携し、チームを組んで、これらの教育課題に対処することが重要である」

　その上で、スクールカウンセラー配置の促進を次のように提起している。

　「特に、昨今のいじめ問題等の状況にかんがみ、子供に対する相談のみならず、教員に対する助言を行うなど学校において重要な役割を果たしているスクールカウンセラーについては、その配置の一層の充実・促進を図るべきである」

　また、中央教育審議会答申「今後の地方教育行政の在り方について」(1998(平成10)年9月)も、専門的人材の活用として、専門的知識を有する者の活用を取り上げ、次のように記している。

　「学校教育相談や進路相談などの分野において学校内外の専門的知識を有する者を活用し必要に応じて校内の生徒指導組織等との連携を行うなど学校内外の多様な人材を積極的に活用する方策を検討すること」

　ここで説かれているのは、さまざまな専門家と教職員の連携であり、外部人材としてのスクールカウンセラーの導入であり、外部の関係機関との連携である。

（4）外部人材の導入と活用─スクールカウンセラーの登場─

　このように生徒指導をめぐる指導体制にまた新たな頁が加えられることになる。外部人材としてスクールカウンセラーの導入であり、生徒指導をめぐる教職員との連携についても新たな段階に入ることになった。

　その背景を理解する上で、千葉県「いじめの問題に関する調査に関する調査研究協力者会議」がまとめた報告書（1997（平成9）年3月）には、次の一節がある。

　まず、「『いじめ』の発生は、学校文化が自己完結的・閉鎖的であり、ややもすれば学校が画一的な基準を定め、子どもの多様で積極的な体験を保障するような自由で豊かな内容を欠いているところに起因するところがある」と学校の閉鎖的な体質を指摘する。

　その上で、「教師、特に学級担任による指導で全てすみ、他からの刺激や助けを必要としないような、教師が全てをコントロールし得る、いわば自己完結的・閉鎖的な学校像は、もはや成り立たない」と言い切るとともに、「『いじめ』は、まさにそのような、多くの人が思い込んでいたかつての学校像に則っての学校教育の症状として生じているのである」と述べている。

　いずれにしても、スクールカウンセラーの登場は、生徒指導をめぐる指導体制に転機をもたらすものであるとともに、その実績の積み重ねが、「チームとしての学校」の時代を開くに当たって大きな力となった。

（5）「チーム学校」が提起された時代

　このように、変遷をたどってきた生徒指導をめぐる指導体制は、「チーム学校」というビジョンと出会うことになる。スクールカウンセラーやスクールソーシャルワーカーなどの専門家と教職員との協働とともに、地域の関係機関や団体、地域住民との連携・協働体制の構築を図り、小・中・高等学校と切れ目なく生徒指導に関わる実践が求められることになった。いわゆる「チーム学校」のもとでの生徒指導の求めである。

　このように、校内の教職員に限定することなく、外部のさまざまな専門家を含めて「チーム」とする学校の在り方を説き、協働の在り方を提起した二つの答申が、2015（平成27）年12月、中央教育審議会より出された。その一つが、チームとしての学校の在り方を提起した「チームとしての学校の在り方と今後の改善方策について（答申）」であり、もう一つが、学校と地域の連携・協働の在り方を提起した「新しい時代の教育や地方創生の実現に向けた学校と地域の連携・協働の在り方と今後の推進方策について（答申）」である。

このうち、2015（平成27）年12月、中央教育審議会より、チームとして の学校の在り方を提起した「チームとしての学校の在り方と今後の改善方 策について（答申）」について、次に項を改めて、詳しく見ていくことにし たい。

3　「チームとしての学校」が求める"協働"―中央教育審議会 「チームとしての学校の在り方と今後の改善方策について（答申）」 について―

この「答申」は、2014（平成26）年7月、文部科学大臣からの諮問があ り、「チームとしての学校」について専門的な議論を深めるために設けられ た作業部会のもと、「中間まとめ」の公表を経て、2015（平成27）年12月 に中央教育審議会「チームとしての学校の在り方と今後の改善方策につい て（答申）」として取りまとめられた。

「答申」は、1.「チームとしての学校」が求められる背景、2.「チームと しての学校」の在り方、3.「チームとしての学校」を実現するための具体 的な改善方策　の三つの柱からなる。

まず、「答申」は、我が国の教員が、学習指導から生徒指導まで幅広い職 務を担当していることについて、高い成果をあげつつも、課題が複雑化・ 多様化する中で、十分に対応できなくなりつつあるとの認識を示し、その 対応の方向を次のように提起している。

「個々の教員が個別に教育活動に取り組むのではなく、校長のリーダー シップの下、学校のマネジメントを強化し、組織として教育活動に取り組 む体制を創り上げるとともに、必要な指導体制を整備することが必要であ る」

その上で、心理や福祉等の専門家（専門スタッフ）との連携、協働や専 門機関との連携、分担する体制を整備して学校の機能の強化を図ることが 重要と指摘する。

答申の主なポイントを挙げると次のとおりである。

　第1に、多様な経験や専門性をもった人材を学校教育に生かすことを強調している。「答申」が挙げた教員以外の専門スタッフについては、次のとおりである。

　①心理や福祉に関する専門スタッフ（スクーカウンセラー、スクールソーシャルワーカー）

　②授業等において教員を支援する専門スタッフ（ICT支援員、学校司書、英語指導を行う外部人材と外国語指導助手（ALT）、補習など、学校における教育活動を充実させるサポートスタッフ）

　③部活動に関する専門スタッフ（部活動指導員（仮称））

　④特別支援教育に関する専門スタッフ（医療的ケアを行う看護師等、特別教育支援員、言語聴覚士（ST）、作業療法士（OT）、理学療法士（PT）、等の外部専門家、就職支援コーディネーター）

　これら専門性や立場の異なる人材の導入について、「答申」は、「教職員一人一人が、自らの専門性を発揮するとともに、専門スタッフ等の参画を得て、課題の解決に求められる専門性や経験を補い、子供たちの教育活動を充実していくことが期待できる」と述べている。教職員とは異なる職業観や職場における規範意識を有するスタッフを組織の一員としていかに迎え入れ、どのように学校として組織の機能を高めていくか、協働を生み出す新たなマネジメントが問われることになった。

　ちなみに、生徒指導にあたって、校長や生徒指導担当教員のマネジメントのもと、教員とスクールカウンセラーやスクールソーシャルワーカーなどとの連携・分担が重要であり、役割や組織上の位置づけの明確化、教職員への周知などが求められるとしている。

　第2に、子どもと向き合う時間を教職員にもたらすことがねらいとして強調されている。異なる専門性を有する人々を導入するねらいについて、教職員に教職に専念できる体制や環境の構築を図ることにあるとしている。「答申」は、複雑化・多様化した課題を解決するための体制整備であり、教職員が子どもたちと向き合う時間を確保するために、多様な経験や専門性をもった人材の導入を図るとしている。

　その一環として、教員の業務の見直しにあたり、次のように業務を分類

し、生徒指導が教員に期待される本来的な業務であることを確認している。

　〇教員が行うことが期待されている本来的な業務

　学習指導、生徒指導、進路指導、学校行事、授業準備、教材開発、学年・学級経営、校務分掌や校内委員会等に係る事務、教務事務（学習評価等）

　〇教員に加え、専門スタッフ、地域人材等が連携・分担することで、より効果をあげることができる業務

　カウンセリング、部活動指導、外国語指導、教員以外の知見を入れることで学びが豊かになる教育（キャリア教育、体験活動など）、地域との連携推進、保護者対応

　〇教員以外の職員が連携・分担することが効果的な業務

　事務業務、学校図書館業務、ICT活用支援業務

　〇多様な経験等を有する地域人材等が担うべき業務

　指導補助業務

　このもとに、新たな協働の創出という観点から、それぞれの学校の条件や実態に応じた校務分掌や校務分掌組織の見直しが提起されている。

　第3に、「チームとしての学校」として新たな学校像を提起している。**図1**は、「答申」が示した「チームとしての学校」のイメージ図である。

　この「チームとしての学校」については、「校長のリーダーシップの下、カリキュラム、日々の教育活動、学校の資源が一体的にマネジメントされ、教職員や学校内の多数の人材が、それぞれの専門性を生かして能力を発揮し、子供たちに必要な資質・能力を確実に身につけさせることができる学校」との説明がある。

　このように、校長のリーダーシップのもとに諸々の資源の一体的なマネジメントのある学校として「チーム学校」は示されており、"マネジメント"が、欠かせぬ要件として挙げられている。

　また、「チームとしての学校」は、学級・学年、あるいは、教科単位による学校運営から、教育課程による学校全体を単位とする学校運営への転換を強調している。学年全体、教科全体、そして学校全体を見渡し、授業や生徒指導に充てる場や時間を増やす。そのために、学年単位や学級単位、教科単位に陥りがちな学校運営を越えて、学校単位での教育活動を目指す

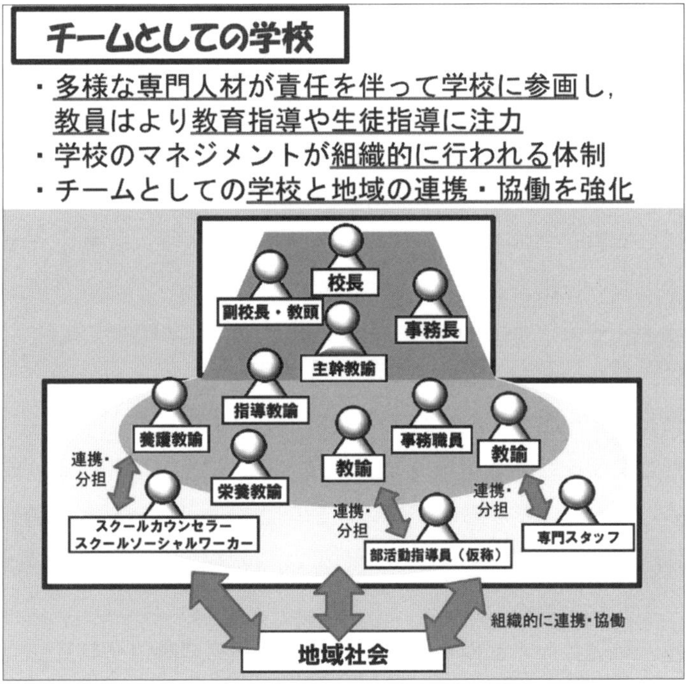

図1　「チームとしての学校」像（イメージ図）「答申」p.14 より

カリキュラム・マネジメントが求められるとしている。

4　「チーム学校」における生徒指導のマネジメント

　このように、「チーム」といっても、それぞれの時代を背景にしている。かつて「チーム」といえば、校内の教職員をさしていた。それが、時代の変遷とともに、外部より専門家が加わり、さらに外部の関係諸機関や団体との一層の連携が求められるなど、今日では、「チーム」は、校内の教職員と外部の専門家との一体化を意味するものとなっている。「チーム学校」のもとでは、教職員と共に専門性を有する外部を加えて、学校として一体となって生徒指導に当たる。これが今日の「チーム」の捉え方ということであって、新たな状況に対応して学校経営も生徒指導に関わるマネジメントも変化が問われることになった。

新しい学校像を描き、学級担任の心を開き、チームによる生徒指導を生み出す学校経営もまた問われることになる。専門性や立場の異なる人材をチームの一員として受け入れ、そのために学校の仕組みや組織文化の見直しを迫られることは、学校にとって新しい事態といってよい。

　「チーム学校」においては、・共通の目標に向けて動かす、・教職員の意識や取組の方向性の共有を図る、・多様な専門性をもった職員を有機的に結び付ける、などを働きかけたり環境を創り出すマネジメントが求められることになる。そのための柱となるものを3点あげておきたい。

　第1に、学校のビジョンの提起である。それぞれの専門性をもった人々が教職員と共に一致して前向きに取り組んでいく学校を生み出すために、学校として実現を目指す全体的な姿や方向性などを包括したビジョンが欠かせない。改めて、学校教育目標の明示をはじめ、グランドデザイン、教育課程や経営計画の作成と明示、そして、その共有と共通理解が促すマネジメントが必要である。

　第2に、教職員と外部の専門家との連携・協力の関係を成り立たせることである。それぞれの専門家は他との連携・協力の関係を成り立たせることによって、そのもっているものが生かされる側面がある。チームとして互いにもっているものを引き出し合うことによって成果をめざす。

　学級担任、学年主任、生徒指導主任、教育相談担当、それにスクールカウンセラーやスクールソーシャルワーカー、さらには、必要に応じて関係機関の専門家などがチームとなって課題の対応に当たる。問題は、そのチームや組織が機能しているかどうかということであり、機能させる学校経営がそこに存在しているか否かということである。

　学級担任をはじめとする教職員の意識を開かれたものにし、また、専門家としての貢献意欲を引き出し、チームを機能させるマネジメントとして、それぞれの役割を明確化することが求められることになる。

　図2のように、「答申」には、「チーム学校」に向けて教職員などの役割分担の転換に関わるイメージ図が示されている。これをたたき台にしながら、学校の実態に応じて、それぞれの役割分担を整理し、互いの関係を明確化する取組が「チーム学校」のマネジメントとして問われることになる。

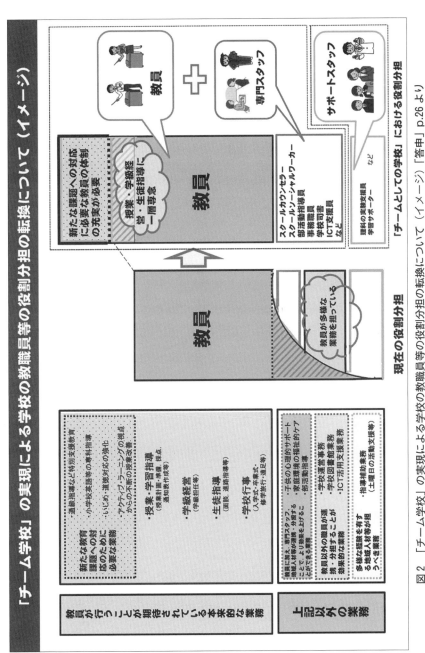

図2　「チーム学校」の実現による学校の教職員等の役割分担の転換について（イメージ）「答申」p.26 より

第3に、学校内外に協働に関わる新たな組織文化を創り出すことである。教職員にとどまらずさまざまな経験や専門性を有する人々の存在を踏まえた学校づくりに当たって、その基盤として学校の組織文化の存在に目を向けたい。それは、さまざまな立場を踏まえ、互いの理解による協働に価値を置く新たな組織文化の構築ということになる。児童生徒の社会的リテラシーの育成にむけて、教職員はもとより、専門性をもったさまざまな関係者、それに保護者や地域住民も含め、それぞれの立場や役割を理解しつつ、生徒指導に関わる課題に一致して前向きに取り組んでいく組織文化を皆で創りあげ共有を図っていく。そこにも「チーム学校」のマネジメントの要点がある。

[注]
1　森田洋司「現代の人間形成」日本生徒指導学会編『現代生徒指導論』学事出版、2015年、p.11

[引用・参考文献]
●天笠茂「チームによる教育の求め―新しい専門家との連携・協力―学校経営を問い直す⑤」『悠』1997年8月号、pp.42-43
●日本生徒指導学会編『現代生徒指導論』学事出版、2015年
●天笠茂『学校と専門家が協働する―カリキュラム開発への臨床的アプローチ―』第一法規、2016年
●「特集：チーム学校と生徒指導」日本生徒指導学会『生徒指導学研究』第16巻、2017年
●天笠茂『新教育課程を創る学校経営戦略―カリキュラム・マネジメントの理論と実践―』ぎょうせい、2020年

II　生徒指導における 地域・家庭との連携の在り方

日本大学教授　佐藤晴雄

はじめに

　生徒指導をめぐる地域・学校・家庭の連携は古くから重視され、取り組まれてきている。特に非行対策に焦点を当てた「連携」の歴史は古い。学校と警察との連携である「学校警察連絡協議会」は1963（昭和38）年に発足し、青少年育成国民運動は同40年に開始された（現在、廃止）。各校でも独自に地域・家庭と連携しつつ生徒指導に取り組んできたが、何かしらの問題や事件・事故が発生したときにだけ、その連携を進める傾向にあった。例えば、昭和50年代後半に中学校を中心に校内暴力が各地で多発した頃には、もはや学校だけでは解決困難な状況に陥り、学校は必然的に地域との連携を進めたが、事態が解決すると再び門を閉ざすのであった。

　しかし、近年では、「チーム学校」の考え方が提唱され、外部人材を交えた組織的取組が期待されるようになってきた。

　そこで本節では、生徒指導に取り組むための「チーム」を「地域・家庭の連携」というレベルで捉えて、その意義と在り方などについて述べていくことにする。

1　「情報連携」から「行動連携」への発展

（1）「心と行動のネットワーク」による連携

　言うまでもなく、児童生徒は1日の3分の1くらいずつを学校、地域、家庭で生活している。したがって、児童生徒による問題・事件の背景には、学校のみならず地域や家庭も強く関係していくから、当然、その解決には

学校や地域、家庭のかかわりが不可欠なはずである。それにもかかわらず、従来の学校は問題を抱え込み、問題の重要性を十分認識できず、その発覚をおそれることさえ少なくなかった。中でも、いじめによる生徒の問題が発生したときに、学校と教育委員会が問題を隠ぺいするかのような対応を行うことがあった。その一例として、2011（平成23）年に滋賀県大津市立中学校の生徒がいじめにより自殺した事件がある。事件当初、教育上の配慮を理由に事件を公表せず、教育委員会の調査ではいじめと自殺との因果関係を否定する結果を公表した。後にこの事件は大きな問題になり、結局、これを契機に、教育委員会制度改革がなされ、いじめ防止対策推進法が制定されたのである。

　いじめ以外にも、教師が直接関係する体罰や自殺などの問題が発生しても、外部への積極的な協力を求めることなく、事態の沈静化を待つかのような姿勢が学校にはみられた。

　少し前になるが、2001（平成13）年には、文部科学省の「青少年の問題行動等に関する調査研究協力者会議報告『心と行動のネットワーク―心のサインを見逃すな、『情報連携』から『行動連携』へ―」がまとめられた。学校は問題を抱え込む傾向にあったが、「開かれた連携」を目指して、「情報」にとどまらない「行動連携」に取り組むよう提言されたのである。

　この報告は、まず、「児童生徒の『心』のサインを見逃さず、問題行動の前兆を把握すること、そのためには、学校と関係機関との間で単なる情報の交換（「情報連携」）だけではなく、相互に連携して一体的な対応を行うこと（「行動連携」）が重要である」と述べた。

（2）行動連携のシステムづくり

　さらに、同報告は「学校と家庭や地域社会、関係機関とをつなぐ『行動連携』のシステムづくり」を進めるための取組を以下のように提示した。

　①地域における「行動連携」のためのネットワークの形成と「サポートチーム」の組織化

　②ネットワークにおける連携活動

　　ア）連携マニュアルや行動計画の作成

　　イ）日頃からの連携活動

ウ）問題行動の前兆が把握されたときや問題行動が発生したときの連携活動

エ）相談機関の連携活動

　生徒指導をめぐる外部連携は従来、「情報連携」すなわち関係者が一堂に会する会議等における情報交換にとどまる「連携」になりがちであったことから、問題行動の兆候を見逃すケースもあった。そこで、その報告は専門機関を含む地域社会との連携を一つのシステム（サポートチーム）としてつくり上げ、チーム間のネットワークを活用できる次元の連携にまで発展させるよう提言したのである。同時に、「日頃からの連携」「前兆の把握」「発生したとき」というように問題の防止から発生時に至るまでの過程で、学校関係者以外の外部の専門機関や地域社会・家庭などの協力を得ることを重視した。

（3）サポートチームの成果

　その後、2002（平成 14）年度から文部科学省は「サポートチーム等地域支援システムづくり推進事業」を実施し、その成果として以下の3点を明らかにした（学校と関係機関の連携行動に関する研究会編、2004）。

①児童生徒の問題行動等に対して複眼的な対応が可能になった。

②学校に非協力的な家庭に対して、柔軟な対応が可能になった。

③役割分担により、取組が効果的かつ充実したものになった。

　言うまでもなく、学校・家庭・地域の連携の成果は以上に尽きるわけではないが、これらはその連携の成果を最もよく表している。

（4）青少年育成施策大綱と教育振興基本計画

　そのほか、国が定めた「青少年育成施策大綱」（内閣府青少年育成推進本部、平成 15 年 12 月）は、「環境整備施策の基本的方向」の一つとして、以下の事項を盛り込んだ。

（1）家庭、学校および地域の相互の関係の再構築

　［1］保護者等への支援を行う「家庭を開く」取組

　［2］外部の力も活用した「開かれた学校」づくり

　［3］豊かな体験・交流のための取組

　［4］青少年が犯罪等の被害に遭いにくいまちづくり

ここでは、保護者等への支援も含めるとともに、「まちづくり」の視点も含んでいる。

　さらに、2013（平成25）年に閣議決定された第2期教育振興基本計画は、「基本施策18　学習や社会生活に困難を有する者への学習機会の提供など教育支援」の中で、「依然として教育上の重要課題である暴力行為、いじめ、不登校など児童生徒の問題行動等の状況の改善に向けて、学校のみならず家庭、地域社会や関係機関が連携した取組を一層推進する必要があり、この点も踏まえて生徒指導体制及び教育相談体制を整備・充実する」と述べた。

　このように、学校・地域・家庭の連携は体制づくりが国策レベルの課題とされるようになったのである。

2　「チームとしての学校」による「連携」

（1）「チームとしての学校」の取組

　近年の生徒指導においては、校内外の教員や関係者が一つのチームとして指導体制を構築することが重視されている。

　2015（平成27）年の中教審答申「チームとしての学校の在り方と今後の改善方策について」は「子供たちの問題行動の背景には、多くの場合、子供たちの心の問題とともに、家庭、友人関係、地域、学校など子供たちの置かれている環境の問題があり、子供たちの問題と環境の問題は複雑に絡み合っている」と指摘した。問題行動のみに着目した対応だけでは不十分であり、解決が困難だという認識を示したところである。

　そして、同答申は、「学校が、より困難度を増している生徒指導上の課題に対応していくためには、教職員が心理や福祉等の専門家や関係機関、地域と連携し、チームとして課題解決に取り組むことが必要」だと述べる。「より困難度を増している」場合とは、日常の指導の域を超えた暴力や非行、いじめ、不登校などの課題を意味するものと解される。

　ここで重要なのは、地域など学校以外の知恵と力を生かすためにチームを組んで生徒指導を効果的に進めるという発想である。答申は、従来の学

校が外部の協力を得ることはあっても、その都度の場当たり的なかかわりに過ぎなかった点を改めて、共通目的のもとに、地域住民や保護者、専門家などがそれぞれの立場や専門性を生かして、教員と共に取り組む体制を築くよう求めたことになる。

　また、2013（平成25）年に制定されたいじめ防止対策推進法は「学校及び学校の教職員の責務」を以下のように定めている

　「第八条　学校及び学校の教職員は、基本理念にのっとり、当該学校に在籍する児童等の保護者、地域住民、児童相談所その他の関係者との連携を図りつつ、学校全体でいじめの防止及び早期発見に取り組むとともに、当該学校に在籍する児童等がいじめを受けていると思われるときは、適切かつ迅速にこれに対処する責務を有する」。

　以上のように、今日、国の答申や計画、法律などさまざまな文書や施策において、学校と家庭・地域の連携・協働による生徒指導の在り方が示され、その取組が重視されているのである。

（2）地域学校協働活動の推進

　生徒指導は非行等の問題行動への対応と同時に、児童生徒の健全な育成に取り組むことも目的としている。文部科学省は学校支援活動を発展させた地域学校協働活動事業を2017（平成29）年度から展開している。この活動は「地域の高齢者、成人、学生、保護者、PTA、NPO、民間企業、団体・機関等の幅広い地域住民等の参画を得て、地域全体で子供たちの学びや成長を支えるとともに、『学校を核とした地域づくり』を目指して、地域と学校が相互にパートナーとして連携・協働して行う様々な活動」だとされる（文部科学省HPより）。

　地域学校協働活動は学校支援活動のほか、子ども放課後教室や地域活動、家庭教育支援などを含み、学校と家庭・地域に関わる多様な関係者がパートナーとして進めるものである。「チームとしての学校」（以下、「チーム学校」）が学校教育として展開されるのに対して、地域学校協働活動は社会教育として行われる事業になる。これまでも、学校支援活動や地域活動などは個々に実施されてきていたが、これらを総合化・ネットワーク化していくことが重要だとされ、その役割を担う地域学校協働本部が国の補助事業

として開始された。

　実際の活動は、児童生徒に多様な体験の機会を与えたり、彼らの居場所を確保したりすることによって健全育成を図ることに主眼が置かれるが、問題行動の防止にもつながることになる。

3　学校・家庭・地域連携の意義と在り方

　これまで学校と家庭・地域の連携の重要性と共に、サポートチームや「チーム学校」という新たな連携システムの特徴について述べてきたが、その意義はどのようなことにあるのだろうか。

（1）連携の意義

❶児童生徒や問題の「複眼的理解」

　サポートチームの成果として記されているように、学校だけでなく地域住民や保護者など学校外の関係者の視点も視野に入れ、児童生徒や問題の姿を「複眼的」に捉えることが可能になる。2001（平成13）年版の内閣府『青少年白書』は「一見おとなしく目立たない『普通の子』が内面に不満やストレス等を抱え、なんらかの要因によってそれが爆発して起こる」非行を「いきなり型」と名付けた。

　この「いきなり型非行」は学校や地域、家庭という一面的な見方だけでは「いきなり」だと認識されるが、複眼的な捉え方と対応によっては予兆が見逃されなかった可能性がある。

　この「複眼的理解」とは何か。たとえばある生徒は学校、地域、家庭のそれぞれには違った姿を見せることが少なくない。学校でおとなしく素直な生徒が家庭では暴力を振るい、また学校で好ましくない行動をする生徒が地域では小さい子の面倒を優しく看ていることもある。その姿を正しく認識するためにはいろいろな立場から複眼的に捉えることに連携の意義がある。中でも、今日問題視される児童虐待防止にとって、地域からの情報を得るための複眼的理解が不可欠になる。

　また、見る位置は専門家によっても異なってくるので、心理や福祉、医療などの専門家とチームを組んで、複眼的に子どもやその問題点を捉える

ことも複眼的理解になる。

このような複眼的理解を図るためには、前述した「情報連携」の場で関係者が情報共有を行うことが必要になる。

❷「点」から「面」による効果的な取組

生徒指導は学校という「点」で行うよりも、家庭や地域を巻き込んだ「面」によって展開するほうが効果的である。学校・保護者・地域住民等が個々バラバラに取り組むようであれば、取組が重複したり、欠けたりすることが発生する。そこで、関係者が「チーム」を組み、目的と情報を共有しながら役割分担を果たして取り組めば相乗効果が得られる。

最近の地域では民家などの玄関に貼られた「子ども110番」や自転車の前部に取り付けられた「PTAパトロール中」などのプレートを見かけることが増え、また学校支援ボランティアなどの地域住民が学校近辺で防犯パトロールとして活動するようになった。これらは地域という「面」で展開される活動になる。

こうしたパトロール活動等の契機になったのが2005（平成17）年に広島県と栃木県小山市で小学校1年生が帰宅途中に不審者によって殺害された事件である。この事件は「子どもは校門を閉じても護れない」という認識を教員や保護者、地域住民に強く認識させるきっかけになったのである。そして、この認識によって、パトロールなどによる「面」の指導が試みられるに至ったのである。この「面」による対応は防犯のみならず、非行防止にも有効になる（後述の春日市の事例）。

❸環境浄化の効率化

問題行動の原因には、人格因（内因）と環境因（外因）がある（佐藤、1984）。人格因には、身体的習癖、人格偏奇、社会的不適応、情緒障害などがあり、環境因は学校環境のほかに家庭環境や地域環境、交友関係などを意味する。生徒指導上の問題を解決していくためには児童生徒に対する指導や学校環境を変えるだけでは十分でなく、家庭や地域の環境も変えて浄化することが重要になる。地域環境については、居住地域よりも、劣悪な住宅事情や盛り場、歓楽街などの「非行地域」が非行等の発生に影響していると言われる（鳥山、2008）。

いじめ認知件数を見ると、特定の県が連続して最多になっている実態は環境因がいじめにも強く影響していることを思わせる。

学校以外の環境を児童生徒にとって望ましく浄化するためにはどうしても家庭や地域と連携しなければならないのである。

❹ハイブリッドな「チーム」による取組

ハイブリッドとは、エンジンとモーターの二つの動力源を持つ自動車がハイブリッドカーと呼ばれるように、異質な要素が混合していることを意味する。

サポートチームや「チーム学校」は単に教員など同質の人材だけで編成されるシステムではなく、保護者や地域住民に加えて、福祉や心理の専門家などの多様で異質な人材から成る構成組織である。このハイブリッドなチーム等による取組には以下のような特徴が見出される。

ⅰ）前述したような複眼的理解が広がる。異質な属性をもつメンバーがそれぞれの立場や属性・専門性に基づいた児童生徒や問題の理解を踏まえた効果的な取組が可能になる。

ⅱ）創発効果が得られる。「三人寄れば文殊の知恵」という諺があるように、それぞれの要素の総和を超えた特性や成果が得られるのである。

ⅲ）異質なメンバー間の相互補完がなされる。それぞれのメンバーの立場や属性にはある程度の限界や制約があるが、チームにおいては相互に補完し合うことが可能になる。例えば、学校に理不尽な要求をしつこく突きつける父親の対応に疲弊した校長がチーム（この場合は学校協議会）に相談したところ、青少年育成委員である住民が「その人は地元でよく世話をしてあげている人物だから、私が注意します」と言ってくれた。その後、その父親による学校に対する要求がなくなったという事例は相互補完に当てはまる。

学校と地域・家庭の三者による連携は、学校に対する調査においてもその成果を見出すことができる。地域住民や保護者が学校に協力的で、学校行事等に積極的に参画している学校はそうでない学校に比べて生徒指導上の問題が解決している割合が高いのである（コミュニティ・スクール研究会、2016）。

（2）「連携」の在り方

次に、「連携」の在り方を水平的視点と垂直的視点から述べてみることにしよう。水平的視点は「連携」のタイプに関する捉え方であり、垂直的視点では「連携」の段階（深度）に関する捉え方である。

❶ 「連携」のタイプ

「連携」のタイプは、まず**図1**のような4タイプ＋1タイプに分類できる。タイプ1「地域資源活用型」は、学校による生徒指導のために学校が地域に赴いて、その資源を活用する取組である。教員が地域のコンビニに出向いて、たむろする生徒たちの実態を店員から聴き取るような取組である。タイプ2「学校支援型」は、学校に地域住民等に来てもらい、問題解決の助力を得る取組である。後述する

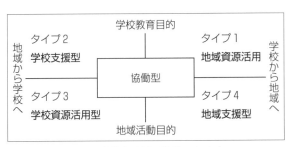

図1　学校と地域の連携のタイプ

沼袋小学校では住民の授業参画によって学級崩壊が解決した。

タイプ3「学校資源活用型」は、地域活動のために学校資源を提供するものである。地域が行うレクリエーション大会などの健全育成活動のために学校が校庭を提供したり、教員が手助けしたりする例は多い。タイプ4「地域支援型」は、地域が主催する健全育成活動に教員が参加し、また児童生徒にその参加を促すなどして支援することである。

さらに、中央に位置する「協働型」は学校と地域で目的を共有し、お互いが一つの活動に加わるもので、後述する春日市立春日西中学校のパトロールなどが該当する。

以上のような各タイプの「連携」は「チーム学校」による協議とアイデアによって具体化される。

❷ 「連携」の3段階

「連携」を進展段階で捉えれば**図2**のように示すことができる（佐藤、2002）。前述した「情報連携」とは図中の「相互理解・情報交換段階」に当

たり、学校と地域組織
等が生徒指導をめぐる
情報を共有する段階を
意味する。そして、こ
の段階を経て「相互補
完段階」に至る。前述
した図1中の4タイプ

図2 「連携」の3段階

がこの段階になる。さらに、「相互補完段階」の後に、「協働段階」に至る
ことになる。前述した「協働型」の取組が可能な段階である。

　このように、3段階は下段から中段を経て上段に向かって発展すると考
えられるので、前述した「行動連携」は「情報連携」を踏まえて実現され
ることになる。

　ここに「連携」の深度が見出されるのである。

4　「連携」実践例

　ここでは、前述した協働型と学校支援型の二つの事例を取り上げておこ
う。

（1）生徒指導上の課題解決事例─協働型─

　福岡県春日市立春日西中学校は、深夜徘徊や喫煙等によって補導される
生徒が増え続け、教員はその対応に追われていた。その頃、同校はコミュ
ニティ・スクール（学校運営協議会を設置する学校）に指定されると、学
校運営協議会で補導問題に関する情報共有がなされた。協議の結果、保護
者や地域住民が協力して補導解消に向けてパトロールを試みることになっ
た。パトロールは、教員・保護者（父親による当番制）・少年補導員・警察
官等によって夜の22時から23時までの市街で行われた（年20回前後）。
その結果、2009（平成21）年に1,046件であった補導件数は、翌2010（平
成22）年には24件に激減した（**図3**）。その後もパトロールは継続され、
補導件数は10件前後にまで落ち着いたとされる。パトロールによって、
生徒たちは悪いことがしにくくなったと言うのである。

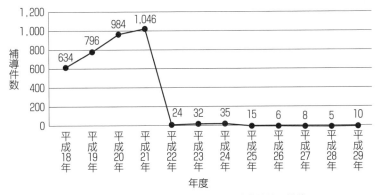

図3　春日市立春日西中学校生徒の補導件数の推移
出典：文部科学省「平成30年度学校マネジメントフォーラム配布」（12月4日、東京会場）資料

　この事例は、学校が家庭・地域と連携する意義を最もよく語っている。年間1,000件の補導対応を教員だけで行うことは大きな負担になり、特に居住地が学校付近とは限らない教員が夜間にパトロールを実施するのは不可能に近い。また地域住民には生徒の顔見知りも多いはずだから、これらの人たちの見守りは生徒に訴えやすかったのである。

　学校にとっては、「やること（パトロール）は増えたけど、やらなくてよいこと（補導対応）はもっと増えた」と言われる。

（2）地域住民による学級崩壊の解決─学校支援型─

　現在は廃校になったが、中野区立沼袋小学校ではいじめや不登校は頻繁にあり、児童たちが授業妨害や器物を破壊することもある「荒れた学校」であった。ある学級では担任の指示に従わないばかりでなく、教室のドアの内側に机や椅子でバリケードを張り、担任を入室させない妨害が続いたため、その担任は結局休職に追い込まれた。当時の教頭は他校に転任した後の2002（平成14）年に、同校に校長として戻ると、校長として「いじめや不登校、学級崩壊のない学校をつくろう」というビジョンを打ち立てた（佐藤監修・中野区立沼袋小学校編、2008）。

　そのためには、保護者や地域と連携し、彼らの協力を得ることが大切だと考え、連携による具体策を講じた。一つの具体策として、教育ボラン

ティアを全教育活動に導入したところ、学級崩壊はたちどころに解消された
と言う。なぜなら、当時の校長の話によると、今までは大人（教職員）
を甘く見ていた児童たちは授業中に教室にいる大人たちの顔色や動きを見
て、好き勝手な行動がしにくくなったからだとされる。サポーターの中に
は町で叱られた怖い小父さんや幼稚園時代に面倒を見てくれた小母さんも
いる。その結果、学級崩壊の解消だけでなく、不登校もなくなり、担任以
外の眼がある校内ではいじめも認知されなくなった。

5 「三者連携」による新たな生徒指導体制の構築

　これまで述べてきたように、学校と地域・家庭の三者による連携は、「情
報連携」から「行動連携」に発展するよう求められ、サポートチームとし
ての取組が試みられるようになった。そして、三者による連携は「チーム
学校」という新たな学校経営の一環に位置づけられたところである。
　そこで、本節の最後に、新たな指導体制づくりに求められる課題につい
て述べることにしよう。
　第1に、「チーム学校」などでは児童生徒の問題行動への取組を主眼にし
ているが、今後は健全育成の視点からの取組も期待されるのである。その
ためには地域学校協働活動などとの関係づくりを工夫する必要がある。
　第2に、「チーム学校」をどう継続させるかという課題がある。特に生徒
指導を担当する生徒指導主事の異動によってチーム運営が不安定になるこ
ともあるからである。そこで、横浜市のような担当教員（生徒（児童）指
導専任教諭）の配置や地域連携担当教員の設置が課題になる。
　第3に、地域の特性に応じたチームの構築である。「非行地域」を抱えた
校区であれば非行の防止・解決に重点を置き、警察官OBなどの助力を得
るようにする。地域人材が得られにくい地域の学校でも、民生・児童委員
や保護司は存在するので、これらに加わってもらうことは可能である。
　以上の課題を踏まえた新たなチームとしての生徒指導体制の構築が期待
される。

[引用文献]
- 学校と関係機関の連携行動に関する研究会編『学校と関係機関等との連携行動を一層推進するために』文部科学省初等中等教育局、2004 年
- コミュニティ・スクール研究会編『総合マネジメント強化に向けたコミュニティ・スクールの在り方に関する調査研究報告書』日本大学文理学部、2016 年
- 佐藤晴雄「地域と非行・校内暴力―非行発生の土壌、非行防止の砦としての地域の考察―」『校内暴力事例の総合的研究』学事出版、1998 年
- 鳥山平三『コミュニティの変容と臨床心理』風間書房、2008 年
- 佐藤晴雄『学校を変える 地域が変わる』教育出版、2002 年
- 佐藤晴雄監修、中野区立沼袋小学校編『地域連携で学校を問題ゼロにする』学事出版、2008 年

[参考文献]
- 林尚示・伊藤秀樹編『生徒指導・進路指導：理論と方法』学文社、2016 年
- 国立教育政策研究所生徒指導センター『生徒指導資料第 4 集―学校と関係機関等との連携』東洋館出版社、2011 年
- 春日市教育委員会・春日市立小中学校編『市民とともに歩み続けるコミュニティ・スクール』ぎょうせい、2017 年

Ⅲ　チーム援助の考え方と実践

東京理科大学大学院・教職教育センター教授　八並光俊

1　チーム援助の広がりと定着

（1）生徒指導関連施策とチーム援助の広がり

　現在チーム援助またはチーム支援という用語は、文部科学省はじめ教育委員会や学校において一般的に使用されている。本稿では、両用語を同一視して、チーム援助で統一する。過去の生徒指導では、「生徒指導体制」、「組織的対応」、「連携協力」などの用語が使われており、チーム援助という用語は使用されていなくとも、実践されてきた。では、このチーム援助は、いつ頃から広がりをみせたのだろうか。おおむね 2000 年代前半で、非行を含む問題行動や不登校に関する生徒指導施策において、国家レベルで拡大したと考えてよい。

　問題行動対応におけるチーム援助は、学校内でのチーム援助というより、凶悪な少年事件などの深刻な問題行動に対する学校と関係機関等の連携・協働によるネットワーク型のチーム援助として拡大していった。その端緒となったのは、国立教育政策研究所生徒指導研究センター（2011）『学校と関係機関等との連携〜学校を支える日々の連携〜』（生徒指導資料第 4 集）に示されているように、児童生徒の問題行動等に関する調査研究協力者会議が 1998 年に公表した『学校の「抱え込み」から開かれた「連携」へ─問題行動への新たな対応─』である。その後、少年の問題行動等に関する調査研究協力者会議（2001）が『心と行動のネットワーク─心のサインを見逃すな、「情報連携」から「行動連携」へ─』を公表し、いじめや暴力行為等の問題行動の具体的対応策として、学校と関係機関等の行動連携によるサポートチームの組織化を提言した。国立教育政策研究所生徒指導研究セ

ンター（2002）は、サポートチームを「個々の児童生徒の状況に応じ、問題行動等の具体的な解決に向けて、学校、教育委員会、権限を有する関係機関、その他関係団体等が連携して対応するチーム」と定義している。その後、学校と関係機関との行動連携に関する研究会（2004）が『学校と関係機関等の行動連携を一層推進するために』を公表した。これにより、サポートチームが、何であり、どのようなプロセスを経て、形成から終結に至るのかが具体的に明示された。

　不登校への対応では、不登校問題に関する調査研究協力者会議（2003）が『今後の不登校への対応の在り方について（報告）』を公表した。同報告では、不登校問題を「心の問題」のみならず「進路の問題」と捉え、「連携ネットワークによる支援」の視点が提示された。具体的な学校や教育委員会の取組として、校内サポートチームによる生徒指導体制の整備、コーディネーター的な不登校対応担当の役割の明確化、個別指導記録の作成、不登校初期のアセスメントの実施、学校と関係機関等の連携の整備の重要性が指摘されている。

　不登校の対応においては、アセスメント（児童生徒の状況や必要としている支援の適切な見極め）に基づく適切なチーム援助が強調された。チーム援助実践に関しては、国立教育政策研究所生徒指導研究センター（2004）『不登校への対応と学校の取組について―小学校・中学校編―』（生徒指導資料第2集）がある。また、学校実践では、神奈川県立総合教育センター（2005）の『ティーチャーズ・ガイドⅡ　チームで取り組む日々の実践と不登校への対応』において、教育相談コーディネーターを中心とした学校内外のネットワークを活用した協働チームによる不登校対応がある。

　スクールカウンセラー（以下、SCと略記）は、1995年からいじめ・不登校対策として導入されたため、教員と非常勤のSCの連携は模索されていた。しかし、いじめ・不登校・暴力行為や非行の多発化、家庭の貧困や児童虐待の増加、発達上の課題をもつ子どもの顕在化によって、教員やSCの個人的努力や学校単独での問題解決が困難なケースが増加した。この限界を、どのように突破していくのか。その突破口の一つとして、チーム援助は国策に後押しされたといえる。

（2）チーム援助のアカデミックな広がり

　他方、アカデミックな観点から、チーム援助の広がりをみてみよう。生徒指導に関する学術団体である日本生徒指導学会は、2000 年 11 月に設立された。また、2002 年から『生徒指導学研究』を刊行している。同学会では、学校現場や文教施策の状況を踏まえて、早くからチーム援助の重要性に着目していた。

　2001 年の第 2 回日本生徒指導学会から「チームサポートの具体化・実証化」というテーマの課題研究を設定し、2004 年まで議論を重ねた（八並、2005）。

　同学会誌では、創刊号からチーム援助に関する研究論文が掲載されている。創刊号において、八並（2002）は、日本の学校心理学とアメリカのスクールカウンセリングを援用して、中学 3 年生の不登校の子どもに対してチーム援助を行い、不登校の高い改善効果が得られたことを実証している。第 2 号では、同じく八並（2003）が、チーム援助実践過程において、子どもやチームの動静をモニターする汎用性の高いチーム援助データベースの開発を行っている。

　第 3 号では、吉田・八並（2004）らが、中学 3 年生の問題行動を伴う子どもに対して、約 4 カ月間の短期的チーム援助を行い、短期間であっても高い問題行動改善効果が得られることを実証している。このように、日本生徒指導学会では学校現場の実態やニーズを受けて、早くからチーム援助に関する議論や研究が行われている。

　同学会の設立の前年に、石隈（1999）の『学校心理学　教師・スクールカウンセラー・保護者のチームによる心理教育的援助サービス』（誠信書房）が刊行された。その後、石隈・田村（2003）によるチーム援助実践の入門書が刊行され、2 年後に、学校心理学に基づく実践事例集（石隈・山口・田村、2005）が刊行された。

　学校心理学の中核概念の一つは、チーム援助という教職員や関係機関等との協働に基づく組織対応である。この考え方は、学校現場に適合的であったため、生徒指導・教育相談・特別支援教育にも大きな影響を与えた（八並、2006）。

　山口（2005）は『学校心理学が変える新しい生徒指導　一人ひとりの援助ニーズに応じたサポートをめざして』（学事出版）を刊行し、学校心理学の観点から生徒指導の見直しを行った。

（3）チーム援助の定着

　チーム援助の定着を決定づける教育施策として、以下の二つがある。

　第1に、2007年の特別支援教育の開始がある。通常学級の発達障がいの子どもを想定し、特別支援教育コーディネーターを中心に、学校・家庭・関係機関が協力して、個別の教育支援計画と個別の指導計画に基づいて組織的・計画的・継続的な教育が行われることとなった。

　第2に、2008年から、社会福祉士や精神保健福祉士等の資格を有する者のほか、教育と福祉の両面に関して、専門的な知識・技術を有するスクールソーシャルワーカー（以下、SSWと略記）が導入された。文部科学省(2008)『スクールソーシャルワーカー実践活動事例集』の「はじめに」において、SSWの職務内容として「関係機関等とのネットワークの構築、連携・調整」と「学校内におけるチーム体制の構築、支援」が明記されている。SSWは、導入当初からチーム援助を前提としていた。

　同時期、八並は生徒指導の理論書である『新生徒指導ガイド　開発・予防・解決的な教育モデルによる発達援助』を刊行した。その第6章「組織的な連携」において、チーム援助の中核的要素である「1 生徒指導体制」・「2 チーム援助プロセス」・「3 サポートチーム」・「4 コーディネーション」・「5 教育相談コーディネーター」・「6 スクールソーシャルワーカー」を取り上げている（八並・國分、2008）。

　その後、文部科学省（2010）は生徒指導の国家的基本書となる『生徒指導提要』（以下、『提要』と略記）を刊行した。

　その第6章「生徒指導の進め方」「Ⅰ　児童生徒全体への指導」は、第1節「1　チームによる支援」と「2　学校種間や学校間の連携」から構成されている。さらに、前者は、①チームによる支援の基本的な考え方、②個別の事案に応じたチームによる支援体制の確立、③チームによる支援のプロセスから構成されている。これによって、学校現場にもチーム援助が定着したと考えられる。

2　生徒指導におけるチーム援助の位置づけ

（1）生徒指導の定義

　チーム援助が生徒指導において、どのように位置づけられるのか。その出発点として、生徒指導とは何か確認しておこう。

　『提要』では、「生徒指導とは、一人一人の児童生徒の人格を尊重し、個性の伸長を図りながら、社会的資質や行動力を高めることを目指して行われる教育活動」であると定義している。「個性」、「社会的資質」（社会性）、「行動力」のキーワードに象徴されるように、子ども一人一人の健全な成長や社会的自立を目指している。

　つまり、『提要』で強調されているように、「個々の幸福の実現と社会を発展させていくための包括的・総合的な『社会的リテラシー』」の育成を目指している。

　また、八並は生徒指導を実践的な観点から、次のように定義している。「生徒指導とは、子ども一人ひとりのよさや違いを大切にしながら、彼らの発達に伴う学習面、心理・社会面、進路面、健康面などの悩みの解決と夢や希望の実現を目指す総合的な個別発達援助である」（八並・國分、2008）。換言すれば、生徒指導は、子ども一人一人の異なる教育的なニーズや実態（個別的）に関する児童生徒理解に基づいて、発達段階に応じた（発達的）、多面的な援助（総合的）を行い、主体的な進路の選択・決定を促進し、全ての子どもの学校から社会への移行（キャリア達成）を援助する重要な教育活動である。

（2）生徒指導の構造とチーム援助

　次に、前述の生徒指導の定義から構造をモデル化すると、**図1**のようになる。

　生徒指導の基本は、子ども一人一人の家庭環境を含めた実態把握である。すなわち、児童生徒理解である。それをベースにして、目的と対象によって大きく二つに大別できる。

　第1は、事後対応的な「治す（リアクティブ）生徒指導」である。以前は、治療的生徒指導ともいわれていた。『提要』では、諸課題の初期状態に

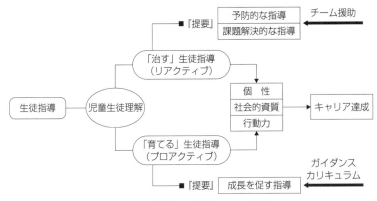

図1　生徒指導の構造とチーム援助

ある一部の子どもを対象とする予防的な指導と、いじめ・不登校・暴力行為などに直面している特定の子どもを対象とする課題解決的な指導が含まれる。

　この「治す（リアクティブ）生徒指導」の方法として、SC や SSW による専門的なカウンセリングや、校内の教職員や学校と関係機関等から編成される援助チームによるチーム援助がある。いずれの方法も、対象は主に個にある。

　第2は、予防・開発的な「育てる（プロアクティブ）生徒指導」である。『提要』では、成長を促す指導に相当する。全ての子どもを対象に、いじめ・暴力防止教育、非行防止教室、犯罪被害防止教育、地域安全マップづくり、薬物乱用防止教育、情報モラル教育など問題行動の未然防止を目的とした防止教育を計画的に実施する。あるいは、子どもの個性・自己肯定感・社会的スキルの伸長に力点を置いた教育プログラムを、授業や体験活動を通じて実施する。アメリカのスクールカウンセリングでは、ガイダンスカリキュラム（または、ガイダンスプログラム）と呼ばれている（米国スクール・カウンセラー協会、2004）。ガイダンスカリキュラムは、明確な目標と、PDCA サイクルをもった授業型生徒指導である。また、対象は主に集団にある。

　これらの二つの生徒指導を駆使して、「個性」、「社会的資質」、「行動力」を育成して、全ての子どものキャリア達成を図るのである。

3 チーム援助の特色と実践プロセス

（1）チーム援助の特色

　チーム援助は、石隈・田村（2003）によれば「複数の援助者が、共通の目標をもって、役割分担をしながら子どもの援助に当たること」である。『提要』では、「チームによる支援とは、問題を抱える個々の児童生徒について、校内の複数の教職員やスクールカウンセラーやスクールソーシャルワーカーなどがチームを編成して児童生徒を指導・援助し、また、家庭への支援も行い問題解決を行うもの」と定義されている。チーム援助の特色は、以下の3点に集約される。

①個に対する組織的対応

　チーム援助の対象は、生徒指導上の課題を抱えた子ども一人に対して、学校内の複数の教職員や関係機関の専門家あるいは保護者が援助チームを編成して、組織的に課題解決を図る。援助チームには、スタッフ間の連絡・調整役としてコーディネーターがいる。例えば、コーディネーターは、生徒指導主事（担当）、教育相談コーディネーター、養護教諭、学年主任、特別支援教育コーディネーター、SC、SSW、教育委員会生徒指導主事などである。

②総合的な個別発達援助

　チーム援助は、子どもが抱えている学習面（学習意欲や学力の低下など）、心理・社会面（心理的不安や人間関係の悩みなど）、進路面（将来の不安や進路先に関する悩みなど）、健康面（身体に関する悩みなど）、家庭面（不安定な家族関係や虐待・DVなど）の悩みや問題の早期解決を目指している。子どもの心理面に限定することなく、トータルに捉えて援助を行う総合的な個別発達援助である。

③システマティック・アプローチ

　チーム援助は、計画的・系統的な援助プロセスを有しているという点に最大の特色がある。チーム援助は、援助チームが学級（ホームルーム）担任（以下、担任と略記）・保護者・コーディネーターで構成されるコア援助チームであれ、他の教職員が参加した拡大援助チームや学校と関係機関等

で組織されるネットワーク型援助チーム（石隈・山口・田村、2005）であっても、共通する援助プロセスは、〔アセスメント⇒個別援助計画⇒チーム援助実践⇒チーム援助評価〕である。

（2）チーム援助の実践プロセス

　チーム援助の実践プロセスの一般型は、**図2**のとおりである（八並・國分、2008、八並「チーム援助プロセス」一部修正）。

❶チーム援助の開始

　子どもの生徒指導上の諸課題について、担任や養護教諭などから援助要請□1□があった場合、生徒指導委員会などの校内委員会でチーム援助を行うかどうかの判断□2□をする。

❷アセスメントの実施

　担任、生徒指導主事（担当）、教育相談コーディネーター、学年主任、養護教諭、特別支援コーディネーター、SC、SSW など複数の教職員によるアセスメント□3□を実施する。アセスメントでは、子どもが抱えている課題や悩み、家庭や学校での様子、これまでの指導や援助の経過など多角的な情報収集から、課題解決ための方法を探る。アセスメントから解決すべき課題を特定すると同時に、その子どもの長所や個性的な能力、今後伸ばしたい長所や能力（自助資源）と、子どもを取り巻く環境の中で、どのような機関や団体等がサポーターとなれるか（援助資源）を予想する。また、自殺念慮・薬物乱用・性犯罪・児童虐待など、緊急性を要することがあるので、援助の緊急度を検討するリスクアセスメントを行う。これらのアセスメントから、「この課題には、このような援助方法が有効であろう」という課題解決のための援助仮説□4□を立てる。

❸個別援助計画の作成

　課題解決に向けて、「誰に対して（援助対象）、何を目標に（援助目標）、いつ（援助時期）、誰が（援助者）、どこで（援助場所）、どのような援助を（援助内容）、いつまで行うか（援助期間）」という個別援助計画□5□を作成する。個別援助計画に基づいて、援助チームを編成する。

❹チーム援助の実践

　個別援助計画に基づいて、チーム援助を実践する□6□。チーム援助では、

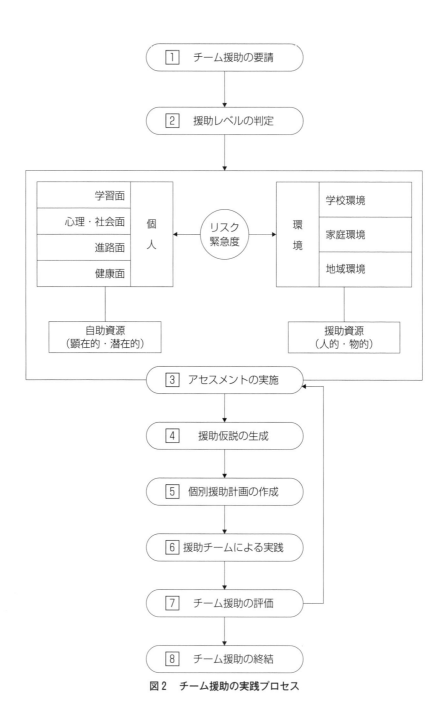

図2 チーム援助の実践プロセス

定期的にチーム援助会議を開催する。このチーム援助会議は、ケース会議（ケースカンファレンス）とも呼ばれる。チーム援助会議で、援助チームのスタッフの援助行為、子どもや保護者の応答行為に関するモニタリング（経過観察）を行い、援助経過の共通理解や援助方法の工夫・改善を行う。

❺チーム援助の評価・終結または再アセスメント

　学期末や学年末に、チーム援助実践の総括的評価を実施する⑦。総括的評価には、対象となった子どもの課題解決がどの程度達成できたのかという子ども評価と、援助チームの成果・課題・引き継ぎ事項などの組織評価の両者が含まれる。課題解決が不十分だと判断された場合は、再アセスメント③を行い、継続的なチーム援助を行う。問題解決がなされたと判断されたときは、終結となる⑧。

4　チーム援助の実践上の留意点

（1）チーム援助の記録と保管

　生徒指導におけるチーム援助は、多くの場合、学校内外の人的・物的リソースを組み合わせて行う多職種協働型である。その中には、保護者や地域住民など、非専門職が含まれる。また、2013年に「いじめ防止対策推進法」が公布されたため、スクールコンプライアンスが重要となっている。こうした点から、チーム援助の実践上の留意点を挙げてみたい。

　チーム援助プロセス全体を通して必要なことは、チーム援助の開始から終結あるいは年度を超えた引き継ぎにおいて、記録を残すということである。とりわけ、いじめ防止対策推進法第28条の重大事態に該当する場合、調査がなされるので、チーム援助の全ての記録を紙もしくはデジタルデータで残すことが必要となる。同時に、個人情報保護法に基づいて、記録の紛失や漏洩がないように厳重に保管しなければならない。

（2）アセスメントと個別援助計画

　チーム援助の成否は、アセスメントにあるといって過言ではない。子どもの実態に関する情報を、いかに広く、深く収集し、援助仮説を立て、個別援助計画を作成するのか。例えば、石隈・田村式援助シートは、アセス

メント・援助仮説・援助計画を1枚のシートに記入できる（石隈・田村、2003）。しかし、多職種協働を考慮すると、より多角的・複眼的観点からアセスメントと多職種を前提とした援助計画フォーマットが必要なる。

　例えば、神奈川県立総合教育センター（2007）の「ニーズを抱えている子どもの問題解決のためのアセスメントチェックリスト」や「支援のための行動連携シート」がある。前者では、子どもの相談歴、生活歴・成育歴・既往歴等、ジェノグラム（家族関係を図式化）、子どもの学習面、行動面、心理・社会面、運動・健康面、進路・余暇面、保護者の様子、きょうだいの様子、生活面、所属機関（学校）、所属機関を取り巻く環境、サポート体制・リソースの状況（相談相手や警察等）、援助の緊急度などのアセスメント項目がある。後者では、子ども、家庭・保護者、地域の3観点別に、長期目標と短期目標が設定され、どのような援助を誰が、どのような方法で行い、評価を記入するようになっている。

　また、不登校関係では、東京都教育委員会（2018）『児童・生徒を支援するためのガイドブック～不登校への適切な対応～』に見られるような「生物・心理・社会モデル」を参考に作成した「身体・健康面」（睡眠・食事・運動・疾患・体調不良・特別な教育的ニーズなど）、「心理面」（学力・学習・情緒・社交性・集団行動・自己有用感・自己肯定感・関心・意欲・過去の経験など）、「社会・環境面」（児童・生徒間の関係・教職員との関係・学校生活・家族関係・家庭背景・地域での人間関係など）という三つの観点からのアセスメントを活用した登校支援シートがある。この他、チーム援助の学年や学校段階の引き継ぎに活用できる文部科学省（2019）「児童生徒理解・支援シート」（「不登校児童生徒への支援の在り方について（通知）」）がある。

（3）モニタリングと定期的なチーム援助会議

　チーム援助において、複数の援助者が協働するためには、「誰が、どのような援助を、誰に対して、いつ、どこで行い、相手はどのような応答行為をしたか」という援助情報のモニタリングと共有が必要となる。

　したがって、チーム援助のコーディネーターは、各援助者の動向を把握しておく必要がある。また、定期的に援助者によるチーム援助会議を開催

して、チーム援助の状況把握や軌道修正を行う。チーム援助のモニタリングや会議用のデータベースシステムとしては、八並（2016、2017a）のデータベースト・カウンセリング＆ガイダンスシステムがある。

（4）スクール・コンプライアンスの徹底

　援助チームの構成員が教育の非専門家であっても、スクール・コンプライアンスを十分に理解して実践に臨む必要がある。例えば、地方公務員法（服務）、学校教育法（懲戒・出席停止）、いじめ防止対策推進法、児童虐待の防止等に関する法律、発達障害者支援法、少年法、義務教育の段階における普通教育に相当する教育の機会の確保等に関する法律など、生徒指導関連の法規の理解と遵守が必須である。

5　チーム学校におけるチーム援助

（1）働き方改革とチーム援助

　今後のチーム援助は、チーム学校というビジョンのもとで**図3**のようになるのではないだろうか。

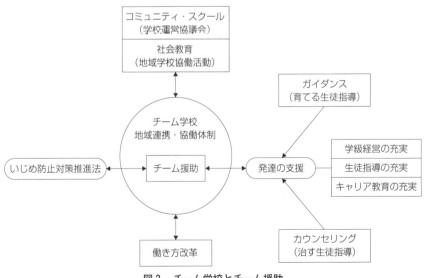

図3　チーム学校とチーム援助

チーム援助では、ケース会議、子どもや保護者のカウンセリング、学習援助、家庭訪問などに多くの時間と人手を要する。チーム学校は、教員の働き方改革と連動しているため、チーム援助の実践において、教職員の時間外労働の上限規制に抵触しないように配慮しなければならない。そのためには、スクールカウンセラーやスクールソーシャルワーカーとの専門的協働だけでなく、コミュニティ・スクールや地域学校協働活動を活用した地域連携・協働体制を構築し、小・中・高等学校と切れ目のないチーム援助を実践していくことが大切になると思われる。

（2）バランスのとれたチーム援助

　新学習指導要領では、第1章「総則」において、子どもの「発達の支援」が新設され、小・中・高等学校共通に学級（ホームルーム）経営の充実、生徒指導の充実、キャリア教育の充実が明記された。

　また、具体的援助方法としては、集団対象のガイダンスと個人対象のカウンセリングの双方によるとしている。このため、生徒指導の実践においては、キャリア教育との関連性を考慮した「育てる（プロアクティブ）生徒指導」と「治す（リアクティブ）生徒指導」のバランスのとれた生徒指導体制が重要となる（八並、2017b）。また、いじめ防止対策推進法を遵守しながら、チーム援助の知見に基づいて、学校の実態に応じたガイダンスカリキュラムを策定し、課題の未然防止や個性の発見・伸長、社会性の育成を図る、すなわち、チーム援助の防止・開発機能の充実が今後の課題であろう。

[引用文献]
●米国スクール・カウンセラー協会、中野良顕（訳）『スクール・カウンセリングの国家モデル―米国の能力開発型プログラムの枠組み』学文社、2004年
●不登校問題に関する調査研究協力者会議『今後の不登校への対応の在り方について（報告）』2003年
●石隈利紀『学校心理学　教師・スクールカウンセラー・保護者のチームによる心理教育的援助サービス』誠信書房、1999年
●石隈利紀・田村節子『石隈・田村式援助シートによるチーム援助入門　学校心理学・実践編』図書文化社、2003年、p.29
●石隈利紀・山口豊一・田村節子編『チーム援助で子どもとのかかわりが変わる―学校心理学にもとづく実践事例集―』ほんの森出版、2005年
●学校と関係機関との行動連携に関する研究会『学校と関係機関等の行動連携を一層推進するために』

2004 年

● 児童生徒の問題行動等に関する調査研究協力者会議『学校の「抱え込み」から開かれた「連携」へ―問題行動への新たな対応―』1998 年

● 神奈川県立総合教育センター『ティーチャーズ・ガイドⅡ　チームで取り組む日々の実践と不登校への対応』2005 年

● 神奈川県立総合教育センター『子どものニーズの解決に向けた多職種協働チームの行動連携の在り方～「ニーズを抱えている子どもの問題解決のためのアセスメントチェックリスト」及び「支援のための行動連携シート」の開発とその活用について～』2007 年

● 国立教育政策研究所生徒指導研究センター『問題行動等への地域における支援システムについて（調査研究報告書）』2002 年、p.4

● 国立教育政策研究所生徒指導研究センター『生徒指導資料第 2 集　不登校への対応と学校の取組について―小学校・中学校編―』ぎょうせい、2004 年

● 国立教育政策研究所生徒指導研究センター『生徒指導資料第 4 集　学校と関係機関等との連携～学校を支える日々の連携～』2011 年

● 文部科学省『スクールソーシャルワーカー実践活動事例集』2008 年

● 文部科学省『生徒指導提要』教育図書、2010 年、p.1、pp.19-20、pp.127-130、p.225

● 文部科学省「児童生徒理解・支援シート」『不登校児童生徒への支援の在り方について（通知）』2019 年

● 少年の問題行動等に関する調査研究協力者会議『心と行動のネットワーク―心のサインを見逃すな、「情報連携」から「行動連携」へ―』2001 年

● 東京都教育委員会『児童・生徒を支援するためのガイドブック～不登校への適切な対応～』2018 年

● 山口豊一編、石隈利紀監修『学校心理学が変える新しい生徒指導　一人ひとりの援助ニーズに応じたサポートをめざして』学事出版、2005 年

● 八並光俊「いじめを原因とする不登校生徒へのチーム援助効果の分析」『生徒指導学研究』創刊号、2002 年、pp.106-115

● 八並光俊「三次的援助サービスのためのチーム援助データベースの開発とチーム援助体制の改善効果に関する研究」『生徒指導学研究』第 2 号、2003 年、pp.99-109

● 八並光俊「チームサポートの具体化・実証化」『生徒指導学研究』第 4 号、2005 年、pp.96-103

● 八並光俊「学校心理学部門　応用実践期におけるチーム援助研究の動向と課題―チーム援助の社会的ニーズと生徒指導との関連から―」『教育心理学年報』第 45 集、2006 年、pp.125-133

● 八並光俊「データベースト・カウンセリング＆ガイダンスシステムの開発（Ⅰ）―いじめ防止対策推進法に基づくいじめ対応データベース―」『東京理科大学紀要（教養編）』vol.48、2016 年、pp.1-13

● 八並光俊「データベースト・カウンセリング＆ガイダンスシステムの開発（Ⅱ）―いじめ防止教育及び介入データベースの開発と試用評価―」『東京理科大学紀要（教養編）』vol.49、2017 年 a、pp.149-161

● 八並光俊「チーム学校と今後の生徒指導の方向性」『生徒指導学研究』第 16 号、2017 年 b、pp.9-16

● 八並光俊・國分康孝編『新生徒指導ガイド　開発・予防・解決的な教育モデルによる発達援助』図書文化、2008 年、pp.16-17、pp.106-107

● 吉田茂昭・八並光俊「問題行動生徒への短期的チーム援助の教育効果に関する研究」『生徒指導学研究』第 3 号、2004 年、pp.58-67

第2章

生徒指導における
連携協力の展開

I 生徒指導における スクールカウンセラーの役割と 教職員との連携

元国際医療福祉大学大学院特任教授　岡本淳子

1 新たな教育相談体制に向けた施策の方向性の呈示

（1）中央教育審議会「チーム学校答申」から

　平成 27 年 12 月中央教育審議会「チームとしての学校の在り方と今後の改善方策について」（答申）（以下、「チーム学校答申」とする）が出された。学校の多様化・複雑化する課題に対して教師が一人で抱え込むことなく、チームとして教育活動を行うことにより組織として充実して、学校の教育力を強化することが重要であるとした。その一環である教育相談体制については、チームに「スクールカウンセラー（以下、SC とする）及びスクールソーシャルワーカー（以下、SSW とする）を参画させること」、「職務内容を明確にすること」が明示され、「学校や教員が心理や福祉等の専門家（専門スタッフ）や専門機関と連携・分担する体制を整備し、学校の機能を強化していくことが重要である」と提言された。

　そして、「文部科学省の調査によれば、SC の配置の主な効果として『学校の教育相談体制の強化』や『不登校の改善』、『問題行動の未然防止、早期発見・早期対応』など」に成果があり、「調査対象の、96％の学校が」SC について「必要性を感じている」としている。加えて、SC の「勤務日数が限られており、柔軟な対応がしにくい」、「財政事情により配置や派遣の拡充が難しい」と、現状での活用のしにくさを課題として挙げている。

　「SC の活用については社会的な要請も高まっており」、「配置を推進することとされている」として、「チーム学校答申」は以下の 3 項目の「改善方策」を挙げている。

　①国は、SC を学校等において必要とされる標準的な職として、職務内

本淳子

1　新たな教育相談体制に向けた施策の方向性の呈示

（1）中央教育審議会「チーム学校答申」から

　平成 27 年 12 月中央教育審議会「チームとしての学校の在り方と今後の改善方策について」（答申）（以下、「チーム学校答申」とする）が出された。学校の多様化・複雑化する課題に対して教師が一人で抱え込むことなく、チームとして教育活動を行うことにより組織として充実して、学校の教育力を強化することが重要であるとした。その一環である教育相談体制については、チームに「スクールカウンセラー（以下、SC とする）及びスクールソーシャルワーカー（以下、SSW とする）を参画させること」、「職務内容を明確にすること」が明示され、「学校や教員が心理や福祉等の専門家（専門スタッフ）や専門機関と連携・分担する体制を整備し、学校の機能を強化していくことが重要である」と提言された。

　そして、「文部科学省の調査によれば、SC の配置の主な効果として『学校の教育相談体制の強化』や『不登校の改善』、『問題行動の未然防止、早期発見・早期対応』など」に成果があり、「調査対象の、96％の学校が」SC について「必要性を感じている」としている。加えて、SC の「勤務日数が限られており、柔軟な対応がしにくい」、「財政事情により配置や派遣の拡充が難しい」と、現状での活用のしにくさを課題として挙げている。

　「SC の活用については社会的な要請も高まっており」、「配置を推進することとされている」として、「チーム学校答申」は以下の 3 項目の「改善方策」を挙げている。

　①国は、SC を学校等において必要とされる標準的な職として、職務内

容等を法令上、明確化することを検討する。

②国は、教育委員会や学校の要望等も踏まえ、日常的に相談できるよう、配置の拡充、資質の確保を検討する。

③国は、将来的には学校教育法等において正規の職員として規定するとともに、公立義務教育諸学校の学級編成及び教職員定数の標準に関する法律（以下、「義務教育法」という）において教職員定数として算定し、国庫負担の対象とすることを検討する。

（2）SC 活用を促すその他の提言等

「チーム学校答申」による提言が出された同時期に、SC の活用に関わる提言が以下のように複数挙げられている。

平成 26 年 1 月施行「子どもの貧困対策の推進に関する法律（平成 25 年）（令和元年一部改正）」に続く「子供の貧困対策に関する大綱（平成 26 年 8 月）（令和元年 11 月改定）」の中で、「教育の支援」においては、「地域に開かれた子供の貧困対策のプラットフォームとしての学校指導・運営体制の構築：スクールソーシャルワーカーやスクールカウンセラーが機能する体制の構築等」として、SC については「配置状況を踏まえ、配置時間の充実等、専門スタッフとして相応しい配置条件の実現を目指す」と提言している。

「すべての子どもの安心と希望の実現プロジェクト」（平成 27 年 12 月）では、「学校をプラットフォームとした子供やその家庭が抱える問題への対応」として、「チームとしての学校」の観点から「スクールカウンセラーについても、児童生徒の感情や情緒面の支援を行っていくため、貧困対策のための重点加配等、配置を拡充する」、「平成 31 年度までに SC を全公立小中学校（約 27,500 校）に配置する」という目標が掲げられた。

なお、「チーム学校答申」と同日、中教審答申「新しい時代の教育や地方創生の実現に向けた学校と地域の連携・協働の在り方と今後の推進方策について」（平成 27 年 12 月）も出され、「地域とともにある学校への転換」、「地域と学校が連携・協働して、地域全体で未来を担う子供たちの成長を支えていく活動」（「地域学校協働活動」）が提言された。

さらに、平成 28 年 1 月には「『次世代の学校・地域』創生プラン」（文部

科学大臣）により、学校は校長のリーダーシップのもと、学校の組織運営改革を行い、チーム学校を目指し、SC は校内の多様なスタッフの一員として、「子供への個別カウンセリング」「いじめ被害者の心のケア」「校内研修の実施」等により教員へのバックアップを行うことが示された。

これらは、「『次世代の学校』の創生に必要不可欠な教職員定数の戦略的充実」として位置することも示されている。

生徒指導において「チームを編成」して「協働して解決に取り組もうとする教職員の意識が重要」であることは、既に『生徒指導提要』（平成 22年）でも指摘（p.128）されてきたことであった。しかし、今、学校の在り方を含めてこれらの数々の提言が同時期に重ねて出されてきた背景には、地域に開かれた教育課程を掲げる学習指導要領の改訂や学校における働き方改革、社会の在り方と関わりの深い児童生徒の重篤な問題の多発化等、学校をめぐるさまざまな課題が重なって関わり合っていることが推測される。

SC の活用の在り方も、活用事業設置後の 25 年間の歴史的経過の中で、今、大きな変革への節目の時期に差し掛かっていることを感じさせる。

（3）教育相談等に関する調査研究協力者会議

「チーム学校答申」が出された同月（平成 27 年 12 月）、「教育相談等に関する調査研究協力者会議」（以下、「協力者会議」とする）が招集され、文部科学省初等中等教育局長の諮問機関として発足した。

会議では、①教育相談体制の今後の方向性、② SC、SSW の役割の明確化、③教育相談体制の充実のための連携の在り方について、調査研究が行われ、その結果が、報告書「児童生徒の教育相談の充実について〜学校の教育力を高める組織的な教育相談体制づくり〜」（平成 29 年 1 月）（以下、「報告書」とする）として公表された（内容概略については後掲）。

この「報告書」の意義は、学校の教育力を高めるには組織的な教育相談体制の整備構築が重要であるとし、そのために SC と SSW の役割を検討し、新たな教育相談体制の中での活用の在り方や有効な連携、協働の進め方を示しているところにある。SC と SSW の職務、機能や役割、特徴特性を十分に理解し活用することが学校および教育委員会など教育関係者に

強く要請され、取組の充実に資するための指針となる提言や、指針の策定にあたって参考となる「ガイドライン（試案）」も提示された（福田、2018）。

　また、「報告書」発行直後に文部科学省初等中等教育局長名で全国の学校設置者あて通知文「児童生徒の教育相談の充実について」が送られ、「報告書」の主旨の徹底が図られている。

（4）文部科学省による施策の実施

❶学校教育法施行規則一部改正：職名「スクールカウンセラー」の制定

　「報告書」の公表直後（平成 29 年 3 月）、学校教育法施行規則の一部改正が省令でなされ、「スクールカウンセラー」が学校の正規の職員として法律に規定され、その職務として「心理に関する支援に従事する」ことと明示された。「チーム学校答申」による「改善方策」①および③が実現した。

❷概算要求にみる施策〜配置の拡大と充実〜

　文部科学省初等中等教育局概算要求主要事項（令和元年度・令和 2 年度）には、第 1 項目「新学習指導要領の円滑な実施と学校における働き方改革のための指導・運営体制の構築（チームとしての学校運営体制の推進）」があり、その説明資料の 2 項目に「専門スタッフ・外部人材の拡充」「スクールカウンセラーの配置充実」「全公立小中学校への配置（27,500 校）」が明記されている。活用メニューは、いじめ・不登校、貧困対策、虐待対策、教育支援センター、スーパーバイザーの配置、「スクールカウンセラー及びスクールソーシャルワーカーの常勤化に向けた調査研究」等であり、別途、復興特別会計枠に「緊急スクールカウンセラー等活用事業」がある。

（5）スクールカウンセラー活用事業の歴史と経緯

　「チーム学校答申」の提言に象徴されるように、SC 活用事業はさらに配置の拡大と活用の工夫が図られる方向にあることが示された。ついては、SC 活用事業の創設から現在までの経緯の概略を、ここに確認する。

　不登校やいじめ問題が増加して高止まりになる現象に、「児童生徒の心に働き掛けるカウンセリング等の教育相談機能を充実させることが必要」との認識のもと、国は平成 7 年度都道府県政令指定都市を対象に「スクールカウンセラー活用調査研究委託」事業を創設し、全国 154 校に臨床心理士等を「心の専門家」として配置した。日本の公立学校に教育職以外のス

タッフが配置されたのは初めてのことであり、当初は学校現場には戸惑いの声も聞かれた。しかし、その後も児童生徒の問題行動は増加かつ複雑化の一途をたどり、地震や水害など大規模な自然災害被害も発生、加えて、いじめ自殺や学校外部からの侵入事件、被虐待、子どもの貧困等が続いた。学校の課題を教師だけで解決する努力から、社会や地域との関係の中で専門家の力も合わせて取り組む必要性が叫ばれるようになった。

　SC は多様な課題に学校内で教師たちと取り組んできたが、その実績について、「新しい時代を開く心を育てるために（答申）」（平成 10 年 6 月、中央教育審議会）の中で、「SC の果たす役割は極めて重要であり、子どもたちの心の問題の多様化・複雑化という状況を踏まえると、すべての子どもが SC に相談できる機会を設けていくことが望ましい」と提言された。

　これらを背景に、SC 配置事業は時代を追って顕著に拡大してきた。平成13 年度からは SC 活用事業は調査研究委託から、都道府県および指定都市による配置事業に切り替えられ、国は「活用補助事業」として発展を支えてきた。国の補助率は平成 13 年度〜19 年度は 2 分の 1、平成 20 年度〜現在は 3 分の 1、配置数は平成 25 年度時点で全国 25,000 カ所となっている。

2　新たな教育相談体制の在り方
「報告書：児童生徒の教育相談の充実について〜学校の教育力を高める組織的な教育相談体制づくり〜」：SC をめぐる提言内容の概略

（1）基本的概念：「総論」

　「報告書」は、「チーム学校」における今後の新たな教育相談体制への指針を提言しているが、組織による活動全体に関わって、次の二つの考え方を特に重視して「総論」として取り上げている。

① 　未然防止、早期発見および支援・対応等への体制構築

　児童生徒の問題行動については、発生した後の対応・支援だけに重点を置くのではなく、特に、その未然防止や早期発見、早期支援・対応に重きを置くことや、事案が発生した時点から改善・回復、再発防止まで、支援を一貫して行う体制づくりを挙げている。

②　学校内関係者がチームとして取り組み、関係機関と連携体制を構築

　新たな教育相談体制では、教師の専門性による視点とは異なる視点をもつ外部専門家の活用を重視している。SC、SSW をはじめとして、事案によっては校外の関係機関職員も含めてチームによる会議に参画することなどを通して、支援を組織的に行うことが有効であるとしている。会議には、校内の関係する教員が必ず出席することやコーディネーター教員が連携の機能を果たすこと、スクリーニング会議を定期的に実施すること、ケース会議では支援・対応策を立てて実践した成果を、支援の進展の確認とともに評価の見直しも行い、継続的に検討を重ねていくことなどが必須であるとしている。

　SC が専門性をおく心理臨床領域では、事案（ケース）をその機関として受け付ける段階での会議（インテーク・カンファレンス）と、心理療法の経過途上での事例会議（ケース・カンファレンス）が行われる。インテーク・カンファレンスでは、事案により持ち込まれた問題の性質や程度を把握し、その相談機関で受理することがふさわしいか、どのような支援を行うかなどを見立て、機関が拠って立つ法的根拠や力量を踏まえて受理を判断する。そのことが後に続くカウンセリング（支援）への責任を引き受けることにも通じるものであり、専門性としても特に初期の見立てを重視している。

　学校がチームとして組織的に機能していくためにも、事例会議の実施は、教員間や SC、SSW 等専門家スタッフ双方にとって、情報共有や共通理解を可能にする機会として意義が大きい。特に初期の段階で外部専門家から専門性に基づくアセスメントや助言を得て、教師が支援の方向性を的確に見据えて取り組むことができると、その後の経過においても専門家を含めた役割分担や協働にもつながりやすく、学校における生徒指導を地域とも連携のもと、組織的、効果的に進められるだろう。

　なお、会議において心がけたいこととして SC の立場で重視したいことは、その事案を直接的に抱えている立場の教員、例えば学級担任や養護教諭が抱える困難について、問題の原因と責任を探求するのではなく、問題の成り立ちを常に広い視点から捉えていく姿勢をもつことである。児童生

徒や保護者の呈する問題は常に目に見えにくい多様な要因が背景で絡み合っていて、感情的な側面でも深い葛藤を生じていることが多い。児童生徒や保護者自身は葛藤の成り立ちを認識できないまま、表面に現れた言動を集団に不適応な問題として強く指摘されており、さらに二次的に不適応を高じさせていることが多い。

　子供や保護者を直接指導する教員は、解決の糸口を求めて多様な指導を試みるものだが、その過程は、子供や保護者が抱える感情的な葛藤に半ば巻き込まれることを通して相手を受け止め指導している過程と言っても過言ではない。

　児童生徒の問題行動は一義的な要因で生じる現象ではないことを出席者全員が理解していて、客観的・中立的に理解を重ね、直接指導している立場にある教員への共感的な姿勢をもって協議する。会議終了後、出席者がそれぞれの立場で、その事例についてどんな状態にあるか認識を深めて、その後の関わりを考えていかれるような会議の運営を出席者全員が心がけることを課題としたい。

（2）SC の職務と職務内容

❶ SC の職務

　SC は「心理に関する高度な専門的知見を有する者」と定義されている。「報告書」には広い視野から具体的活動例が多数挙げられているが、実際には、SC は目の前の状況やニーズに合わせて臨機応変に動くことになるだろう。

　「報告書」に列挙された活動の要素を以下に整理する。

・対　　　象　：児童生徒、保護者、教職員
・視　　　点　：個人、集団、学校組織、学校コミュニティ支援
・関わりの主旨：未然防止、早期発見・早期対応、発生後の支援・対応
・問題の種類　：不登校、いじめ、暴力行為、子供の貧困、児童虐待、学習面行動面での困難・障害のある児童生徒、被災対応
・手　　　法　：情報収集、ニーズの把握、見立て（アセスメント）、助言・援助（コンサルテーション）、相談対応（カウンセリング）、環境づくり（安心した学校生活）

❷ SC の職務内容

「不登校、いじめ等の未然防止、早期発見及び支援・対応等」として、「児童生徒及び保護者からの相談対応」、「学級や学校集団に対する援助」、「教職員や組織に対するコンサルテーション」、「児童生徒への理解、児童生徒の心の教育、児童生徒及び保護者に対する啓発活動」が示されている。

「不登校、いじめ等を学校として認知した場合又はその疑いが生じた場合、災害等が発生した際の援助」として、「児童生徒への援助」、「保護者への助言・援助」、「教職員や組織に対するコンサルテーション」、「事案に対する学校内連携・支援チーム体制の構築・支援」が示されている。

（3）校内の連携

校長の管理運営のもと、学校の教育目標を共通の理念として、SC もチームの一員として生徒指導、教育相談体制の中で、全校組織に活動の基盤を置いて実践する。生徒指導として教育相談活動が組織的に機能するには、基盤として、学校組織における SC の存在が周知されることが必要だ。生徒や保護者、教職員や教育委員会および地域の関係者に、SC の存在やその職務の意味、活動の方針等を人となりも合わせて周知し、校内で円滑な情報共有の体制が築かれると活動の機会が増え、学校組織全体に活動の効果が反映される。

SC の年間活動の目標や目玉となる企画は、管理職や生徒指導担当者と合同で協議し、年度当初に共有しておくと、生徒指導の年間計画に教育相談活動も位置づけられて組織的に広報できる。朝礼でのあいさつ、教室訪問、カウンセラーだよりの定期的発行、全校生徒への面接週間の設定、保護者会でのあいさつ、学校だよりでのコラム担当など機会をなるべく数多く捉えて、「心のケア」を行う人材としての意味と SC の人となりが伝えていかれると、校内での日頃の何気ない人間関係がつくられる。児童生徒や教師たちと SC が互いに一声かけやすい雰囲気ができると、子どもが相談室に気軽に遊びに来たり、一人の教員から始まったコンサルテーションが、いつのまにか複数の教員との継続的な話し合いに発展したりする。「つらい気持ちを抑え込むことはないんだ」「誰でもちょっとおしゃべりしたくなる気持ちになることがあるんだ」というやわらかい雰囲気が校内に醸成

されると、子どもも教師も安心していられる雰囲気ができる。

（４）校内組織に位置づく SC の効果的な活動─SC の活動実績から

　文部科学省が全国の公立学校および教育委員会を対象に実施した SC の活用状況やニーズについてのアンケート調査からまとめられた資料（平成19年）を通して、学校が効果的とする内容は以下のようであった。

・SC の業務は児童生徒に対する相談のほか、保護者および教職員に対する相談、教職員への研修、事件・事故の緊急対応における被害児童生徒の心のケアなど多岐にわたっており、学校教育相談を円滑に進めるための潤滑油ないし、仲立ち的な役割を果たしている。

・児童生徒の相談内容は、不登校に関することが最も多いが、いじめ、友人関係、親子関係、学習関係、発達障害、精神疾患、リストカット等の自傷やその他の問題行動などますます多様な相談に対応する必要性が生じている。

・近年、さまざまな課題に直面する学校現場でストレスを抱える教員が増加していることが、精神性疾患による休職者数の増加に表れている。教員のストレスは職場内におけるものに起因する割合が高く、こうした教職員のメンタルヘルスに求められる SC の役割も大きい。

・自然災害や事件・事故等の被害に遭った児童生徒に対する緊急時の心のケアなどに果たす役割や期待も極めて大きい。いじめ自殺の対応においても、SC の存在は不可欠であった。

・SC の効果的活動をみると、学校組織内で教員と同一の立場ではない、評価者である教師とは異なる存在として、いわば「外部性」をもった専門家として、児童生徒と教員とは別の枠組みの人間関係として相談することができるため、SC なら心を許して相談できるといった雰囲気をつくり出しているところが重視される。SC の「外部性」は教育の専門性をもっている教員とは異なる臨床心理の専門性を生かすことができるという点で意義があり、教員と連携して児童生徒の自己実現を助ける役割を果たしている。

・保護者と教師の間で「架け橋的な仲介者の役割」を果たしてくれる存在は高く評価され、教育相談体制の基本的な方向性として継続されている。

　次に、「SC の効果について（平成 17 年）」では、具体的活動例が示されており、生徒指導に活用しやすい基本となるものである。

❶学校全体からみた専門的助言による効果

・校内研修の企画・立案について専門的な見地から SC が助言を行うなど、学校全体として児童生徒の問題行動等への対応能力の向上を図るための取組が進んだ。

・教員全員が不登校など生徒指導上の問題に対し、専門的な知識をもとに共通理解をもって連携しながら対応するようになった。

・保護者と学校との間の連携役を SC が果たし、三者が一体となった対応を行うことにより、児童生徒の問題行動が発見されやすくなった。

・学校が他機関（適応指導教室、その他の関係機関）と連携を図る上で、SC の専門的助言が効果的だった。

❷児童生徒・保護者・教職員からみた身近で相談できる効果

・カウンセリングを受けることによって、児童生徒が自らを振り返り、自己の行動を解決しようとする努力が行われ、それがきっかけとなって、物事への意欲が高まり、不登校が解消された。

・校内暴力など問題行動を起こしていた児童生徒に対し、SC がカウンセリングを通じて人間関係を築いたことなどにより、問題行動が解消された。

・保護者が気兼ねなく相談できることにより、自分の子どもの不登校に対する受容が深まり、精神的にも態度の上でも余裕をもって対応できるようになった。

・相談場所が学校であるため、児童生徒、教職員、保護者が外部の専門機関に自費で相談に行かなくても、比較的平易に相談できる。

・学校に教員以外にも相談できる人が確保されて、保護者の安心感が増した。

❸教員からみた効果

・SC の助言を受けることにより、教員が児童生徒と接する際の意識が変わるとともに、児童生徒のさまざまな悩みに関し、適切な対応をとることができるようになった。

・教員が児童生徒を表面的に理解するのではなく、一人一人の背景をよく

把握した上で理解しようと努め、その結果、教員が教育相談を積極的に実施するようになった。

・教員が精神的な余裕と自信をもって児童生徒に対応することができるようになった。

・教員が児童生徒の不登校や不適応などの兆候について早めに SC に相談することにより、問題が深刻化する前に解決できるようになった。

（5） SC に求められる能力および資格

　SC は、心理の高度な専門性や心理臨床経験を豊かにもち、外部性を維持して個別的、俯瞰的に対象や組織を観ていることを通して、学校での組織的活動に見合った臨機応変な専門的活動を行うことが必要である。資格としては、公認心理師、臨床心理士等が挙げられるが、事業の性質上、各地方自治体の教育委員会による選考を経て採用される。

3　スクールカウンセラーの活動の特性

（1） カウンセリング活動

❶カウンセラーの視点

　SC は児童生徒や教員が生活する場にあって、その子ども（教師）の表情や言動、他者や集団との関係、あるいは、今その場面で起こっていること、求められていることとの関係から、その人がどんなふうに今を過ごしているか、その人らしい姿を受け止める姿勢で観つめている。観察を通して、言葉を交わして、共に行動して、その人が今どんな状況にあるか、どんな感情を抱えているか、自分を思うように発揮できているか、何かうまくいかなくて抱えている感情がありそうか、大丈夫にやれているのかなどと、支える視点でまなざしを向けている。日常の何気ない会話を交わして親しみながら、同時に一歩引いた客観的、専門的視点で見つめて一定のアセスメントも行っている。内的な葛藤状態を推察し、一方でその子どもの成長はどんなふうに獲得できているか、言葉や行動の表現から感じられるその人自身が本質的にもっている力と学習能力との開きや仲間との関係に反映された状況なども視野に入れると、つまずきが隠れていることを感じるこ

ともある。

　言葉を交わす機会があるときには、その人が今、どんなことに喜びや苛立ちを感じているか知ったり、どんなことを感じて、あるいは考えているのか問いかけたりしながら交わって感知し、その人を知ろうとしている。子どもたちは自分の気持ちや考えを言葉にして語ることは難しいが、SCに何気なく問いかけられることを通して、初めて自分の気持ちや考えに目を向けて自分を知る手がかりを得ていく。子ども自身が自らの実感を言葉に表していくペースを待ちながら育てていくプロセスとなる。教育が目指している、自分の言葉で自分の考えを伝えられるようになる方向をカウンセリングも目指していると言えるが、もっとプリミティブな段階の体感的な、子どもにとっては素朴なそのままの表現を大事にされる経験と言える。

　相談室への来談をめぐっては、この子どもは何を求めてきているのだろうか、その子どもの全体像を描きながら関わる中から、SCとして今できること、必要なことを考えていく。学級担任や学年担当、養護教諭等、児童生徒にとって身近な立場にいる教師との連携は、理解をより的確なものにしていく。

　自分の思いを「言っていいんだよ」という、校内の文化が重要だ。たどたどしくも語る言葉を聞いて、「その通りに言ってごらん、先生はわかってくれるよ」という表現をSCはよく行う。教育相談体制では、子どもたちがまずは自分で自分を受け入れ、そしておずおずと自ら試行錯誤を始めることへのバックアップが大きな役割となる。

　何でも受け入れる相談室に見えがちだが、心理療法に基本的なルールをもつ治療構造論があるように、学校での相談室でも例えば、自分や人を傷つけることを制し、授業時間と相談時間の枠組みの認識、相談者と来談者の立場の保持、守秘と必要時にはコンセンサスを得ての情報の開示など基本原則は守られて実施しており、無限な自由と受容とは異なることを生徒指導や学年教員とも共通理解しておきたい。

　SCは専門性に基づき、中立的な立場でアセスメントを行い、個を捉え、その人の長い人生を視野に入れながら、学校という位置にある今、何をすることが、その人の今後の発達や成長にとって必要かという視点をもって

いる。学校組織や児童生徒、保護者をそのまま受け止めながら、同時に俯瞰して客観的に捉える特徴は、「外部性」による専門性の維持の重要性につながる。

❷ グループ（集団）への SC の関わりと視点

　SC による集団を対象とした関わりの一例（岡本、2001）を一部改訂して簡潔に示す。

　中 1 生徒と教室で、加害生徒 1 名を含む約 10 名のグループ面接を 9 回実施した経過である。多数に危害を加え続ける加害男子生徒を交えて、グループには初めから冷ややかな雰囲気が続くうち、ある日、当該の加害の男子生徒の机が本人不在の間にひっくり返されるという事件が教室で起きた。「いじめられた！」と言って加害生徒の欠席が始まった。自分がさんざん友人をいじめておきながら「『いじめられた』との言葉を聞き、メンバーによる怒りの感情表現が口々に激しく続いた。それを受け止めながら聞いていくうちに集団の構造はグループメンバーが認識する「加害」と「被害」とが逆転していることを SC は感じとって、「彼の立場に立って、どんな気持ちでいるか考えてみよう」とメンバーにもちかけ、発言を促す。文句を言い続ける仲間に、一人の生徒が思い切った言葉で怒り、加害生徒が事件からどんなに屈辱的な気持ちを味わったか、「死ぬほどわかる。彼は気にかけてほしいんだよ、俺たちに！」と興奮気味に訴える。真剣な訴えに生徒たちは一瞬水を打ったように沈黙し、そこからグループのテーマが大きく転換し、加害とされてきた生徒を、一転別の視点から認める言葉が次々と出てきた。生徒たち同士で、彼が出てきたらどう仲間に入れていくか、提案し合うのを SC は支えた。生徒たち自身が話し合いの中で得た気づきによる姿勢の転換は驚くほど積極的で、普段の生活を共にする仲間同士であるだけに具体的で、大人の思いつかない考えを次々に提案し合っていった。子どもたち自身のもっている力が互いの関係の中で生み出され、仲間同士の共感的な行動となって発揮していくことに現実場面でつながった。

　グループへのアプローチではメンバー同士が同等な立場にあるだけに、互いに刺激を受け合い、関与する者同士で生み出す力が個々の主体的な発

想や行動を生むという形で、個々のメンバーへと返っていく力が得られる。

　SC による集団や組織への援助は、組織全体と個々との関係の把握や、それぞれの機能を受け止めアセスメントしながら、その事案の求めるテーマを実現するために必要な連携について一つひとつ問いかけ、語り合って集団としての機能をつくり出していく。専門機関との連携が必要な場合では、校外に適合する機関や治療者等を活用できるよう、生徒指導および管理職との連携が図られる。

❸教師のメンタルヘルスへの支援における連携

　「教職員のメンタルヘルス対策検討会議」による「教職員のメンタルヘルス対策について」(最終まとめ)(平成 25 年)によると、精神疾患により休職する教職員が高水準にあり、深刻な状況が続いていることが報告されている。メンタルヘルスの不調を訴えて受診した教職員のきっかけとなった要因は生徒指導(35%)、同僚・校長等との人間関係(26%)、校務(10%)等、職場内でのストレスが約 7 割を占めている。

　SC は、児童生徒の問題について教師へのコンサルテーションの中で専門的助言に加えて心理的サポートを行う。放課後そっと相談室を訪れる教員を受け入れる。弱音を吐いて語るとそれだけでも気分が楽になると伝えられる。必要に応じて保護者面接を続け、学校への怒りや我が子への悲観的感情を受け止めながらも、教師の指導の意図を保護者が理解できるように話し合いを重ねたり、専門機関からの援助を受け入れられるように面接の中で保護者の考え方の柔軟性を育んだりする。また、一方で、学級担任の心理的・身体的状態や、発生している事態への客観的評価も踏まえて、学校が組織として問題を受け止めていかれるよう、関係する教員や管理職との連携も配慮のうえ行う。心理の専門性として事案と組織全体の双方をアセスメントし、現実的にバランスをとりながら支援を多方に働きかけ、行動していく力量が必要となる連携である。

❹学校危機への支援

　児童生徒の自殺、学校内外での事故や事件による死傷、自然災害による地域全体での多数の死傷者を伴う被災、教師の不祥事の発覚や突然死、感染症等の広がりなど、学校にはさまざまな突発的な出来事が生じる。児童

生徒だけではなく共に生活する大人もまた重篤な影響を受け、学校の日頃の指導体制だけでは対処できなくなる事態が発生し、学校にとって危機となる。事態への理解や解決への道筋が容易には解明されない中では、教職員にも不安や混乱が生じる。混乱する事態への緊急的な対応とそこから発生する二次的な混乱や被害を予防することを目的として行われる支援を、学校危機への心理学的支援（緊急支援）（窪田、2019）という。教育委員会を通じて、連携する管轄地域の臨床心理士会等により行われることが多い。

　緊急時の支援についてはその事態を踏まえて、国の予算の特別枠で「緊急スクールカウンセラー等活用事業」として実施されることが多い。全校の児童生徒および教職員を対象として行う必要性から、当該校の SC だけで行うのではなく、臨床心理士等のチームによる支援プログラムを活用して、その地域や学校の状況に合わせて実施されると、学校の組織力を早い時点で回復できる。例えば、児童生徒全員への面接を学級担任が緊急に行うのを、当該校の SC がコンサルテーションでサポートし、一方で緊急事態の中で引き起こされる異常な心理が、人間の正常な反応であることなどを心理教育を通して組織全体に伝えていく。緊急支援はあくまでも緊急事態による混乱を短期間で日常に近い状態に修復することを援助し、学校の日常を一日も早く取り戻す主旨で行う短期間のプログラムであり、学校全体の組織的な回復を緊急に支援する。

　SC 活用事業は各都道府県教育委員会が管轄しているが、SC は全国的な組織を構成して事業における実態を共有して研修等を行い、文部科学省とも連携の上、心理としての専門性の向上を常に図るシステムをもって活動している。

［文献］
●福田憲明「スクールカウンセラーの今後の展望と課題―『児童生徒の教育相談の充実について（平成29年版）』に示されたこと―」岡本淳子編『子どもの心と学校臨床　特集：SCの「心理の支援」の現状―常勤化・国家資格・協働』遠見書房、2018年、pp.16-22
●文部科学省初等中等教育局児童生徒課「教育相談等に関するアンケートの実施について」（平成19年3月～5月実施）2009年
●文部科学省初等中等教育局児童生徒課「2　スクールカウンセラーについて」『児童生徒の教育相談の充実について―生き生きとした子どもを育てる相談体制づくり―（報告）』文部科学省教育相談に関す

る調査研究協力者会議報告書（平成 19 年）（参考資料 4）2007 年
● 文部科学省初等中等教育局財務課「参考資料 12　スクールカウンセラーについて」『教職員配置等の在り方に関する調査研究協力者会議　平成 17 年 6 月 8 日（第 3 回）配布資料』2005 年
● 岡本淳子「いじめ問題の解決に向けて─中学生に対するグループアプローチ─」中村伸一・生島浩編『思春期青年期ケース研究 9　暴力と思春期』岩崎学術出版社、2001 年、pp.131-157
● 文部科学省初等中等教育局初等中等教育企画課「教職員のメンタルヘルス対策について（最終まとめ）」調査研究協力者会議『教職員のメンタルヘルス対策会議の最終まとめ』（平成 25 年 3 月）2013 年
● 窪田由紀「学校の危機と心理学的支援」窪田由紀・森田美弥子・氏家達夫監修『こころの危機への心理学的アプローチ─個人・コミュニティ・社会の観点から─』金剛出版、2019 年、pp.95-111

Ⅱ　生徒指導における スクールソーシャルワーカーの 役割と教職員との連携

大阪府立大学教授　山野則子

1　子どもの現状と課題

　子どもの問題は、現在ますます複雑多岐にわたり、単独の問題ではなくなってきている。学校において問題となる事例の背景をみると、経済的課題や親の孤立の問題がかなり占めることは現場の実感でもあるであろう。就学援助率約 15％、子どもの貧困率 13.9％（可処分所得の中央値の半分以下で 18 歳未満の子どもがいる世帯）といわれる実態や母子家庭の 8 割は可処分所得の中央値以下であること（大阪府立大学、2017）、子育て家庭の 3 分の 1 が近隣における孤立を示し（原田ほか、2004）、この子どもたちはすでに高校年齢となっており、彼らの育った環境となる。さらに、貧困や孤立した環境が虐待につながりやすく（山野、2005）、虐待を受けた子どもたちが非行（法務省、2001）や不登校（安部、2011）へと移行しやすい実態も明らかになっている。さらに学力や経済的要因が非行や不登校から学校で学ぶ機会を減らし、学力低下と関連して貧困が繰り返される（お茶の水大学、2015；大阪府立大学、2017）。

　つまり、生徒指導の課題は、問題行動に追われがちで、貧困対策とは無関係に考えがちであるが、そこに目を向け、社会の問題として根底からアプローチを検討する必要がある。

2　学校組織の現状と課題

　いじめ問題、虐待問題と悲惨な事件が続いているが、現状の学校組織体制を根本から見つめ直す時期がきているのではないだろうか。1 で述べた

子どもの大変さから他職種との連携が必要と言われても「チーム学校」とはどうしたらいいのか、結局、教員の負担が大きくなるだけであると足踏み状態なところも多い。その際に、子どもの利益を考えた視点と教師の過重労働を考えた視点、両方の視点で検討する。組織としての判断や意志決定の形と共有の場の2点をあげる。

　まず、1で述べたような複雑で多様な家庭を抱えている実態、かつ1クラスの人数が欧米に比べかなり多い実態の中で、学校組織は今までのように学習面、生活面と万能主義的に対応ができるものではないと考えるほうが妥当であろう。これは教師の業務量としてだけではなく、子どもの利益のためにも教師が全てを抱え込むのは最良ではない。さまざまな事件や問題は、学校組織の限界、今までの方法では通用しない社会状況になってきたことを示していると考えるべきであろう。

　学校の組織としての課題を挙げる。まず組織としての課題、学校が組織としてのラインがない、つまり責任は校長にあり単独判断は明確だが、そこに至る組織としての判断過程があいまいなことが1点目である。通常、組織は「係員―係長―課長―所長代理―所長」というようなラインがあり、報告・連絡・相談することを基本としている。学校組織はあくまでも教育を行う機関としての組織であり、教育組織としては自治を大切にすべきであり、ラインはなじまないであろう。しかし、子どもの生活課題はどうであろうか。生活課題に関して専門でない教師が、何かあったときに相談すべきかどうか、上司にあげるべきかどうかについてさえ個人の判断にゆだねられているのが現状の学校組織である。

　2点目として、子どものちょっとした気になることを校内で共有する場がないことである。毎日多数の子どもと関わるにもかかわらず生活課題に対して日常レベルで気になる点を他者に伝え判断する場がないことである。ラインだけには限らないが、ラインがないことから主体的にこういった場を意図的につくらない限り保証できない。つまり担任が一人で抱え込むことになる。

　例えば、毎日、当事者と接触する保育所などの福祉施設や病院では必ず職員が全ての対象者に関して情報伝達する場や時間、記録が存在し課題を

共有し複数の判断でことが動く。しかし、学校にはそういった機能がないことが、現代社会の中でリスクが発生しやすい要因にもなっている。

いくら各学校で校内での共有（上司への報告や同僚による共有）を工夫しているとはいえ、全ての子どもを洗い出すわけではなく、洗い出すのは気になる子どもだけである。そして、去年まで実施していたことが、校長の交代で実施しなくなることは多々存在する。校長次第である。世間では不思議に映るさまざまな事案も、学校組織が鍋蓋組織でラインがないこと、子どもの日常生活レベルを伝え判断する場が確実にないため教員間の自浄作用も働きにくいこと、報告や相談にあげるか否かについて個別判断で明確なルールがないことを考えると不思議ではない。

もしも2点目だけでも改善されたら、つまり同僚に生活課題を伝え判断する場だけでも毎週レベルで存在すれば、他の教員の話を聞いて、この課題は学年会や管理職にあげたほうがいいかのルールも培われ、個人のみでなく教員組織としてどうすればいいか、動き方が淘汰される。ここで気をつけるべきは共有だけでは前に進まない。つまり「伝え判断する」ことまでが必要である。

そもそもの原点として、この2点が学校組織として必須化されていないことは大きな問題であると捉えるべきではないか。これらがないことによる、子どもにもたらされる不利益とそして教師の業務量の増大、双方を危機にさらすことになる可能性を考慮すべきではないだろうか。

3　スクールソーシャルワーク（SSW）の実際と課題

スクールソーシャルワーカー（SSWer）とは、学校を基盤に働くソーシャルワーカー（SWer）である。国際定義では、「ソーシャルワークは、社会変革と社会開発、社会的結束、および人々のエンパワメントと解放を促進する、実践に基づいた専門職であり学問である。社会正義、人権、集団的責任、および多様性尊重の諸原理は、ソーシャルワークの中核をなす。……（略）……ソーシャルワークは、生活課題に取り組みウェルビーイングを高めるよう、人々やさまざまな構造に働きかける（IFSW & IASSW

2014＝2015)」と訳され、つまり生活課題に働きかける専門職であるが、個人だけではなく構造、つまり社会にも働きかけるとされている。

　SSWer は、学校組織が少しでも子どもや教師にとって良好な状態となるよう、学校組織を意識する存在である。

　具体的には、アセスメント（なぜこのような状態になったのかの見立て）、プランニング（見立てに対してどんな方法で対応するのかの手立て）、モニタリング（見直し）を個別に子ども、保護者の課題改善に向けて、教師や関係機関と協働して具体的に対応すること（面談、訪問、会議など実施）、この三つのプロセスを学校組織に位置づけることなどが役割である。

　この仕事に対して、現状の課題は、例えば、1自治体で1回2時間、年間10回分など SSWer が十分に配置されない予算という課題がある。また、せっかく学校に配置されても教師間に SSWer への理解が浸透しておらず、1回のケース会議での解決への提示を期待されたり、どんな場合に活用していいかわからず相談があがらなかったり、など理解の不十分さによる課題がある。

　SSWer 活用事業が始まって10年になるが、このような実態が存在する。学校組織が鍋蓋組織であるため、組織としてラインによって情報が徹底して流れる文化ではないことからもこういったことは生じやすい。

4　課題を超えるために

　1で述べてきたような子どもや家庭の厳しさは、おおむね実感されるようになってきた。ただ、全ての子どもの1%層のとても気になるレベルでは、SSWer を通じて、あるいは通じずとも児童相談所など福祉機関と連携もされるようになった。しかし、全ての子どもの30%層である明確でないリスクを抱える子どもに対する発見と手立てがなされていない。これが SSWer の役割の一つである（文科省、2017）。校内のチーム体制の仕組みづくりが必要であろう。

　また教師と福祉の専門職との連携も掲げられて久しいが、「連携」という言葉に一人一人が具体的な動きをイメージできないのが学校現場の実態で

あろう。もう1歩突っ込んで必然的に共有や連携が生まれる仕組みをつくる必要がある。2で述べてきた現状の学校組織は長年続いてきたものであり、形成してきた体制や文化に対して、子どもの利益のため、そして教師のために新たな変化を生む仕組みを生成することができるのか、そのことをソーシャルワーク（SW）の課題として検討する。なぜなら、SWの国際定義で示したように、学校組織や自治体組織の改善もSSWerのミッションだからである。そして、必然的に共有や連携を生む仕組みづくりは、子どもや教師が置かれた状況をみれば、優先すべき課題といえよう。

　1から3において述べてきた、子どもや家庭、学校、SSWer活用の課題を超えるために、学校におけるチーム体制の入口と出口をしっかりさせる新たな仕組みの導入を提案したい。

（1）スクリーニング（YOSS(1)）の導入：チーム体制の入口

　現状では、教師は同僚や専門職と気になる子どもについて共有したほうがいいかどうかの判断についてすら明確な判断基準は示されていない。そこで、筆者が提案しているのが、スクリーニング（YOSS＝山野・大阪府大式スクリーニングシートを活用したスクリーニングのことで、以下スクリーニング（YOSS）とする）を学校内で行うことである。学年会等において、全ての子どもの遅刻早退、検診未受診、忘れ物、諸費滞納など元々収集しているデータを一括して見ることができ、その後の動きを捉えられるシートを開発している。学年会（スクリーニング会議としての場を学期に1回設定(2)）などで議論し、全ての子どもを確認し支援の必要性を洗い出すという方法を提案している。シートの存在は個人の意思で抜け落ちることはなく、機械的に事実として記載され、チェックが少なくても気になる子どもについて議論できるように作成している。子どものマイナス面のチェックではなく、子どもが危機に陥っているかもしれない状況を早期に把握し、子どもを救うためのものである。子どもにとって最善の利益を優先することは、児童福祉法や子どもの貧困対策の推進に関する法律において大人に課せられた課題である。さらに子どもの実態だけの記述ではなく、そこからどう対応するか、複数教職員の関与や地域の活用、専門機関に紹介するなど方向性を決定できるようにつくり込んでいる。実際の記録＋教

師の議論を合わせ、決定に沿って動くことでどう改善したかみていくことができる循環システムとなるものである。

これが 2 で述べた 2 点目の日常レベルで教師が伝え判断する場になっている。「そういえばこうやね、と一人一人がよくみえるようになった」(能勢町・大阪府立大学山野研究室、2019)、「簡単な日常的なことを共有できるのは気が楽になる」などが教師の反応である。教師にとっては経験年数に関係なく見方を共有でき、児童理解になる。SSWer にとっては、スクリーニング(YOSS)により適切な活用につながる。学校組織としては、全ての子どもの 30%層レベルのリスクを発見し、予防的に簡単なチーム支援を組むことが容易になる。30%層に複数メンバーでアプローチできたことで、実際に不登校が 3 分の 1 になった学校も登場している(SSW 評価支援研究所、2018;山野ほか、2019)。早期に子どもの課題が改善する可能性がある。実際のチェックの数など客観的データに基づく具体的エピソードなども出しながら、子どもの最善の利益のために話し合うため、教師の同僚性が生かされて教師歴の差によりものを言いにくくすることもない。

また、2 で挙げた 1 点目のライン(これはトップ一極集中ではなくラインの複数メンバーでの検討や判断過程が明示化されていることを示す)の存在や、チームや他職種にあげる基準がないことについて、代替するものになる。必ず学年会など全員で全ての子どもたちを共有することを校務分掌、つまり組織として位置づけて確実に行うことを実施した学校である。教師間あるいは SSWer や SC を入れて、それぞれの基準や見方、価値のすり合わせがなされ、明らかな基準が生成される。

SSWer との関連に特化していうと、2 点あげる。1 点目は、全ての子どもに対してスクリーニング(YOSS)を行うことで、SSWer につなぐべき事例も教師個人の判断からではなく適切な事例が適切につながることができ、3 で述べたような過程がなく解決のみ求められることや相談があがらないなどの課題が解決されよう。正しい連携に期待できる。2 点目は、スクリーニング(YOSS)のプロセスの中で暫定的に支援の方向性を決定する際に、地域資源のイメージができない教員が多く、教員に伝える意味においても SSWer をスクリーニング会議メンバーとして校務分掌に位置づ

けておくことは連携やチーム形成につながる。

　スクリーニングは、全ての子どもを対象に保健機能の中で実施されている早期発見・早期対応の仕組みである。全数把握の視点から、気になる子どもや親をもれなく把握しフォローするためのシステムであり、世界でも日本の母子保健は優れていると長年評価されている。つまり、全ての子どもを視野に、短時間に複数で決定するため、判断が個人によってぶれることがなくなり、一人での判断や管理職だけの判断でもなくなるため、一人一人の教師が広い視点をもつことになる。教師が主体的になり、児童生徒理解や保護者理解も進み、意識改革にもなる。複数で共有した視点によって経験の浅い教師も子どもや家族に対応する際に、ぶれず自信をもって対応できる。また、この態度がもめごとの減少にもつながる。予防的なものであるため、はっきりしている問題事案が減少したことを数値化するように、この実施によって確実に問題が減少したことを数値化することは困難であるが、データにおいても遅刻などの数値の減少には複数の教師による判断が強く影響している結果を示している（能勢町・大阪府立大学、2019）。

　これらのスクリーニングの方策は、文部科学省として着目し、児童虐待事例への対応やコロナ禍における子どもの課題発見として紹介することとなった（文部科学省・山野研究室、2020）。

（2）学校プラットフォーム：チーム体制の出口

　リスクにつながるかもしれない、全ての子どもの30％層を把握し対応しようとすると、全ての子どもからみると１％しか対応できていない児童相談所を活用する方策ではないことが多い。まさに教師間やSSWer、SCが入った学校内のチームがちょっとした視点の共有と方策をもつこと〈(1)〉、簡単に活用できる地域資源を把握し活用する方策〈(2)〉が有効となる。この層をスクリーニングシートであるYOSSを活用し、それに基づく学年会議などの議論によってつなぐことが重要である。

　この〈(2)〉の地域資源の活用が、校内に支援が展開されていると教師が理解しやすく、簡単に活用できる。これが学校プラットフォームである。校内に学童保育と同様に自治体やNPOなどが主催の子ども食堂や学習支援等が展開され、教師にわかりやすく、子どもも利用しやすい状態になっ

ていることを示す。

　決して地域資源である地域の団体に個人情報を伝える必要はない。教師は、紹介するにも自分がイメージできないと紹介しづらい。地域には、子ども食堂や学習支援など子どもの貧困対策によってかなり増えているが、残念ながら、最も必要な子どもを把握している教師が紹介することは少ない。校内に子ども食堂や学習支援が存在する学校では、教師が主体的にその場に子どもの様子を見に行き、子どもや家族に紹介する。必要な子どもが確実に参加することになり、遅刻が0になったり、集中力が上がったりと効果をみせている（SSW 評価支援研究所、2018）。自治会や NPO などが学校内に子ども食堂を立ち上げることを支援することも SSWer の仕事であり、実際に行われている。これらの地域活動を可視化して教師が安心して活用できるようにすることも必要な SSWer の役割である。

　つまり、学校プラットフォームは教師に仕事を増やすことではなく、逆に子どもたちへの支援（チーム体制の出口）がみえることになる。それで教師にとっては紹介しやすくなったり（決して地域に個人情報を伝えるのではなく、誰もが参加できる子ども食堂などを子どもに紹介する）、教師の抱え込み負担が解消される。子どもにとっても1で述べたように家庭の基盤が厳しくなっている中で、子ども食堂などの地域資源が愛着を満たす場となり、また母親の支えになるという形で機能し始め、子どもへのよい循環が生まれている。

　以上、チーム学校を成立するために、チーム対応の入口と出口をしっかり仕組み化することを提案してきた。各校の工夫だけでは、子どもや家族の喫緊に迫った課題に対して後追いになって対応が追いつかない。可能な限り仕組みとして位置づけていくことが重要ではないかと考える。

［注］
1　YOSS ＝山野・大阪府大式スクリーニングシートとは、子どもの遅刻早退、検診未受診、忘れ物、諸費滞納など元々、学校の各部署で把握している子どもの実態を一括して見ることができるようにしたシートであり、さらに学年会などで行われるスクリーニング会議の場で判断できるように開発したものである。http://www.human.osakafu-u.ac.jp/ssw-opu/
2　当初は学期に1回、現在は1月に1回実施している学校もある。時間は1学年10分から30分と比較的短時間で全員を見ていく作業である。

［引用・参考文献］

● 安部計彦「要保護児童対策地域協議会のネグレクト家庭への支援を中心とした機能強化に関する研究」こども未来財団、2011 年

● 法務総合研究所「『児童虐待に関する研究会』のまとめ（第 1 報告）」法律総合研究所研究部報告 11、pp.116-125

● 原田正文ほか「児童虐待発生要因の構造分析と地域における効果的予防法の開発」『平成 15 年度厚生労働科学研究（子ども家庭総合研究所保護事業）報告書』2004 年

● International Social Federation of Social Workers & The International Association of Schools of Social Work（2014）Global Definition of the Social Work.（= 2015、社会福祉専門職団体協議会 & 日本社会福祉教育学校連盟『ソーシャルワークのグローバル定義』）

https://www.ifsw.org/what-is-social-work/global-definition-of-social-work/

https://www.iassw-aiets.org/wp-content/uploads/2015/11/SW-Definition-Japanese-translation.pdf

● 文部科学省「児童生徒の教育相談の充実について～学校の教育力を高める組織的な教育相談体制づくり～（報告）」2017 年

https://www.mext.go.jp/component/b_menu/shingi/toushin/__icsFiles/afieldfile/2017/07/27/1381051_2.pdf

● 文部科学省・大阪府立大学山野則子研究室「スクリーニング活用ガイド～表面化しにくい児童虐待、いじめ、経済的問題の早期発見のために」2020 年

https://www.mext.go.jp/a_menu/shotou/seitoshidou/__icsFiles/afieldfile/2020/03/27/20200327_mxt_kouhou02_2.pdf

● 山野則子・石田まり・山下剛徳「学齢期における子どもの課題スクリーニングの可能性—チーム学校を機能させるツールとして—」大阪府立大学人間社会システム科学研究人間社会学専攻社会福祉分野社会問題研究会『社会問題研究』第 69 号、2020 年、pp.1-13

● 耳塚寛明『平成 25 年度全国学力・学習状況調査（きめ細かい調査）の結果を活用した学力に影響を与える要因分析に関する調査研究』文部科学省委託研究国立大学法人お茶の水女子大学、2013 年、p.88

● 能勢町・大阪府立大学山野研究室「平成 30 年度 能勢町子どもの貧困対策強化促進事業報告書」2019 年

● 大阪府立大学「大阪府子どもの生活実態調査」2017 年

● スクールソーシャルワーク評価支援研究所「つなぎ人：輝きを増すスクールソーシャルワーカー」2018 年

● スクールソーシャルワーク評価支援研究所「つなぎ人：長欠児童が激減」2019 年

● 山野則子「育児負担感と不適切な養育の関連に関する構造分析」『平成 16 年度厚生労働科学研究（子ども家庭総合研究所保護事業）報告書』2005 年、pp.118-137

● 山野則子『学校プラットフォーム』有斐閣、2018 年

チームとしての
生徒指導における養護教諭の役割

愛知教育大学特別執行役　**後藤ひとみ**

1　チーム学校体制に関わる人たちの職務理解にむけて

　近年の子どもたちが有している多様で複雑な諸課題に対応するためには、教職員とさまざまな専門性を有する人材とが連携協力して問題解決にあたる必要がある。そこで、中央教育審議会は教員が指導力を発揮できる環境を整備し、「チームとしての学校」の力を向上させるための方策を検討し、「チームとしての学校の在り方と今後の改善方策について」を 2015 年 12 月 21 日に答申した。

　この中で、「チームとしての学校」の範囲については、「学校は、校長の監督の下、組織として責任ある教育を提供することが必要であることから、少なくとも校務分掌上、職務内容や権限等を明確に位置付けることができるなど、校長の指揮監督の下、責任を持って教育活動に関わる者とするべきである」と述べている。

　さらに、「コミュニティ・スクールや地域学校協働本部等の仕組みによって、地域コーディネーター、地域住民等の参画により、学校支援活動、放課後の教育活動、安全・安心な居場所づくり等を通じて、社会総掛かりでの教育を実現していくことが必要である」として、学校と地域がパートナーとなって相互に連携・協働していくことの重要性も指摘している。

　このようなチーム学校の体制構築では、次頁の表に示すような多様な人材が関わることになる。これら関係者の専門性や職務内容は学校教育法施行規則等の法令、通知、答申、報告書等で定められていることから、その内容を理解し、それぞれが有する権限や責任を明確にした上で、チームを構成する際の立場や役割を明示して、諸課題に対応していくことが必要で

ある。

　しかしながら、学校教育法において「教諭は児童の教育をつかさどる」（第37条第11項）、「養護教諭は児童の養護をつかさどる」（第37条第12項）と規定されていることから、養護教諭がつかさどる養護とは何か、教育をつかさどる教諭とは異なる存在なのかを整理しておく必要があるだろう。そこで、保健室の先生と呼ばれることの多い養護教諭とはどのような役割を有する職であるかを概観し、チーム学校の中で、養護教諭の専門性を生かしながら生徒指導という課題にどう取り組むべきかを述べてみたい。

学校に置かれる担当者
「学校における働き方改革特別部会」資料（平成30.4.25）を参考に作成（＊は筆者加筆、並びは根拠法令・通知・答申等の発出年月日の順）
校長＊、教頭＊、教諭、養護教諭、教務主任、学年主任、生徒指導主事、進路指導主事、保健主事、防火管理者、研修担当、司書教諭、学校給食主任、部活動担当、学校栄養職員＊、栄養教諭＊、教育実習担当、特別支援教育コーディネーター、人権教育担当、不登校担当、外国語担当、教育相談コーディネーター、道徳教育推進教師、学校安全担当、地域連携担当、学校教育情報セキュリティ・システム担当　など
チーム学校における教員以外のスタッフ
中央教育審議会答申「チームとしての学校の在り方と今後の改善方策について」（平成27.12.21）を参考に作成（＊は筆者加筆）
学校医＊、学校歯科医＊、学校薬剤師＊、スクールカウンセラー、スクールソーシャルワーカー、ICT支援員、学校司書、英語指導を行う外部人材と外国語指導助手（ALT）等、補習など学校における教育活動を充実させるためのサポートスタッフ、部活動指導員（仮称）、医療的ケアを行う看護師、特別支援教育支援員、言語聴覚士（ST）、作業療法士（OT）、理学療法士（PT）等の外部専門家、就職支援コーディネーター　など

2　養護教諭がつかさどる"養護"とは

　我が国において、養護という言葉が使われ始めたのは、1890年頃のヘルバルト教育学による教育上の三方法（教授・訓練・養護）の提唱であった[(1)]と言われている。この時、養護は「主に健康を保持増進させる働きのこと」と捉えられ、全ての教員の任務と考えられた。その後、身体検査の徹底などによって病弱・虚弱といった問題を有する子どもたちが捉えられて特別な援助が必要となったことから、専門的知識と技術をもつ特別な職

員が行うべき援助を「特別養護」とし、教員が担うべき従来の任務は「一般養護」と考えるようになった。1941 年の国民学校令では、虚弱児等「特別養護の必要ありと認むる者のため」の学級をおく学校には必ず養護訓導（注：養護教諭の前身）を置かねばならないと定められ、「養護訓導ハ……児童ノ養護ヲ掌ル」と明記された。

　以来、学教教育法においても「児童の養護をつかさどる」（同法第 37 条第 12 項）と規定されており、このことは同法第 49 条によって中学校、第 62 条によって高等学校、第 70 条第 1 項によって中等教育学校、第 82 条によって特別支援学校に準用されることから、養護教諭は小学校・中学校・高等学校等の全学校種において児童生徒等の養護をつかさどる教員として位置づけられている。

　養護という言葉は、養護教諭以外にも「養護学校」、「児童養護施設」、「要養護児童」、「養護老人ホーム」、「特別養護老人ホーム」など学校教育や社会福祉の分野で使われてきたため、特に表記の類似していた養護学校教諭と養護教諭は同一の職と間違われることもあったが、2007 年 4 月 1 日以降は学校教育法の改正によって、養護学校が「特別支援学校」に改称されたため、養護教諭と特別支援学校教諭は異なる職として理解されるようになった。

　また、養護教諭免許の取得については教諭と同様に教育職員免許法に規定されていることから、教育職員として位置づけられていることは明確であり、法律で「養護」の専門家としての位置づけにあるのは養護教諭のみである[2]。

　1972 年の保健体育審議会答申「児童生徒等の健康の保持増進に関する施策について」において、養護教諭の役割として、①専門的立場から全ての児童生徒の保健環境衛生の実態の把握、②疾病や情緒障害・体力・栄養に関する問題等心身の健康に問題を持つ児童生徒の個別の指導、③健康な児童生徒に対する健康の増進に関する指導、④一般教員が行う日常の教育活動への積極的な協力が挙げられた。

　これによって、養護教諭は「心身の健康に問題を持つ児童生徒の個別の指導にあたり、健康な児童生徒についても健康の増進に関する指導にあた

る」、さらに「一般教員の行う日常の教育活動にも積極的に協力する」ことが示され、「養護をつかさどる」とは「日常の教育活動を通して、特別な配慮を要する子どもを含むすべての子どもたちの健康保持と健康増進を行う活動」と捉えられるようになった。

　養護教諭という職名を冠した全国唯一の学術団体である日本養護教諭教育学会は、2007年に発行した「養護教諭の専門領域に関する用語の解説集〈第一版〉」において、次のように定義している[3]。

> 　養護とは、養護教諭の職務として学校教育法第37条第12項において「養護教諭は、児童の養護をつかさどる」と規定されている言葉であり、子どもの心身の健康の保持と増進によって、発育・発達の支援を行うすべての教育活動である。

3　保健体育審議会答申や中央教育審議会答申にみる養護教諭の役割

　1972年の保健体育審議会答申では、「養護教諭は、専門的立場からすべての児童生徒の保健及び環境衛生の実態を的確に把握して、疾病や情緒障害、体力、栄養に関する問題等心身の健康に問題を持つ児童生徒の個別の指導にあたり、また、健康な児童生徒についても健康の増進に関する指導にあたるのみならず、一般教員の行う日常の教育活動にも積極的に協力する役割を持つものである」として、養護教諭の主体的な役割が強調された。

　1997年の保健体育審議会答申「生涯にわたる心身の健康の保持増進のための今後の健康に関する教育及びスポーツの振興の在り方について」では、養護教諭の新たな役割として、「養護教諭の職務の特質や保健室の機能を十分に生かし、児童生徒の様々な訴えに対して、常に心的な要因や背景を念頭に置いて、心身の観察、問題の背景の分析、解決のための支援、関係者との連携など、心や体の両面への対応を行う健康相談活動」が示された。さらに、保健主事登用の制度改正（1995年）が行われたことに伴って、企画力・実行力・調整能力なども養護教諭に求められる資質として示された。

　これらの答申を踏まえ、2008 年の中央教育審議会答申「子どもの心身の健康を守り、安全・安心を確保するために学校全体としての取組を進めるための方策について」では、養護教諭は、学校保健活動の推進にあたって中核的な役割を果たしており、現代的な健康課題の解決に向けて重要な責務を担っていることが述べられた。さらに、養護教諭の職務として、1972年や 1997 年の保健体育審議会答申で示された主要な役割を踏まえて、救急処置、健康診断、疾病予防などの保健管理、保健教育、健康相談活動、保健室経営、保健組織活動が挙げられた。また、子どもの現代的な健康課題の対応にあたり、コーディネーターの役割が求められており、チーム学校においての役割も大いに期待されることになった[(4)]。

　日本養護教諭教育学会は、養護教諭の英語表記についても検討し、「養護」の概念に相当する英語が存在しないことから、日本に固有の養護教諭がもつ優れた独自性を世界に発信するという意図で、日本語の「yogo」をつかさどる「teacher」という意味で *Yogo* teacher と表記することにした。これによって養護教諭については次のように定義された[(5)]。

　養護教諭とは、学校教育法で規定されている「養護をつかさどる」教育職員であり、学校におけるすべての教育活動を通して、ヘルスプロモーションの理念に基づく健康教育と健康管理によって児童生徒等の発育・発達の支援を行う特別な免許を持つ教育職員である。

4　チーム学校における養護教諭の位置づけ

　養護教諭は 1 校に一名の配置が大半であるため、各人が養護教諭固有の専門性を発揮する一方で、学級担任や教科担任などの一般教員と共に、教師集団の一員として学校というチームの中で機能してきた。

　前述の中央教育審議会答申「チームとしての学校の在り方と今後の改善方策について」では、専門性に基づくチーム体制の構築の中の「①教職員の指導体制の充実」において、「教員、指導教諭、養護教諭、栄養教諭・学

校栄養職員」が挙げられており、教員でありながらも、指導教諭や栄養教諭と共に養護教諭も特出すべき職として位置づけられていることがわかる。

　この答申において、養護教諭に関する現状として次のような役割が示されている（下線は筆者付記）。

　＊児童生徒等の「養護をつかさどる」教員として、児童生徒等の保健及び環境衛生の実態を的確に把握し、心身の健康に問題を持つ児童生徒等の指導に当たるとともに、健康な児童生徒等についても健康の増進に関する指導を行う。

　＊児童生徒等の身体的不調の背景に、いじめや虐待などの問題がかかわっていること等のサインにいち早く気付くことのできる立場にあることから、近年、児童生徒等の健康相談においても重要な役割を担っている。

　＊主として保健室において、教諭とは異なる専門性に基づき、心身の健康に問題を持つ児童生徒等に対して指導を行っており、健康面だけでなく生徒指導面でも大きな役割を担っている。

　＊学校保健活動の中心となる保健室を運営し、専門家や専門機関との連携のコーディネーター的な役割を担っており、例えば、健康診断・健康相談については学校医や学校歯科医と、学校環境衛生に関しては学校薬剤師との調整も行っている。

　＊心身の健康問題のうち、食に関する指導に係るものについては、栄養教諭や学校栄養職員と連携をとって、解決に取り組んでいる。

　これらから、養護教諭は児童生徒等の心身の健康について、身体的不調の背景にある問題に気づき、専門性を生かして健康相談や生徒指導に関わり、保健室を活用して、専門家等との連携をコーディネートする役割を担っていると捉えられているという現状が見えてくる。

　さらに同答申では、養護教諭と他職種との関わりについて次のように述べている。

　＊学校に置かれる教員として、従来から、児童生徒等の心身の健康について中心的な役割を担ってきた。

　＊今後は、スクールカウンセラーやスクールソーシャルワーカーが配置されている学校において、それらの専門スタッフとの協働が求められるこ

とから、協働のための仕組みやルールづくりを進めることが重要である。

　＊養護教諭は、児童生徒の心身の不調に関わる変調のサインを把握しやすい立場にあることから、スクールカウンセラーやスクールソーシャルワーカーとの連携・分担体制にも留意する必要がある。

　このように、養護教諭は児童生徒等の心身の健康問題について、関係職員の連携体制の中心を担っていること、今後はスクールカウンセラーやスクールソーシャルワーカーとの連携・協働体制づくりが必要であることが述べられるなど、大きな期待が寄せられている。このことについて、平成28年度の保健室利用状況調査[6]の結果を示した（**図1**、**図2**）。現状では、養護教諭とSCやSSWとの連携協力はあまり活発ではないことがわかる。そこで、協働のための仕組みやルールづくり、連携・分担体制づくりにむけた工夫が求められる。

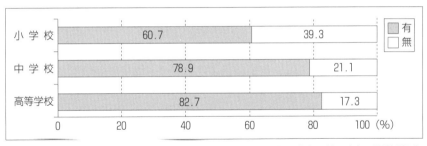

図1　養護教諭とスクールカウンセラーとの定期的な連絡・打ち合わせ等の有無（学校種別）

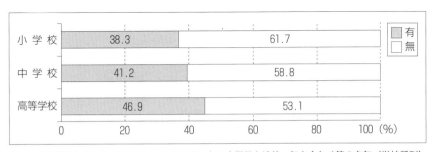

図2　養護教諭とスクールソーシャルワーカーとの定期的な連絡・打ち合わせ等の有無（学校種別）

5　養護教諭の職務と生徒指導とのかかわり

（1）保健室の機能への注目

　養護教諭の職務内容について言及している書籍では、生徒指導や教育相談を取り上げているものは少なく、例えば「特別な配慮を要する児童生徒の保健管理」の中で、心臓疾患や腎臓疾患などの疾病の一つとして摂食障害に対する保健管理と保健指導を行う支援について述べたり[7]、「心身の健康問題への対応」の中で、いじめ、児童虐待、性に関する指導、薬物乱用防止教育等を取り上げたりしている[8]。

　この背景には、前述したように養護教諭の役割が学校教育を取り巻く社会状況等を受けながら徐々に明文化されてきた歴史と、生徒指導が学校教育活動に取り入れられてきた変遷とが関係している。

　棚野[9]は、生徒指導における問題行動対応は戦前から戦後当初までは修身科として教科指導される以外は学校組織から外部化され、社会教育問題として扱われ、学校は警察や司法機関等に協力する立場であった。しかし、戦後のガイダンス導入による生活指導の概念の多様化に伴い、1960年代前半には学校教育における生徒指導は問題行動対応の役割が課せられるようになり、1970年代後半より社会問題化する校内暴力への対応などで、生徒指導主事が制度化されるなど、生徒―教師の相互作用レベルのみではなく、学校組織レベルの対応を求める状況に推移してきたと述べている。

　養護教諭は、1972年の保健体育審議会答申において、疾病や情緒障害・体力・栄養に関する問題等心身の健康に問題をもつ児童生徒の個別の指導や健康な児童生徒についても健康の増進に関する指導を行い、一般教員の行う日常の教育活動にも積極的に協力することが提言された。1980年代に入ると、不登校や高校中退、保健室登校のように、教室や学校の拒否という現象が注目されるようになり、保健室の機能とその経営に関わってきた養護教諭が役割も注目されるようになった。

（2）保健室の活用

　このような経緯から、日本学校保健会は養護教諭の相談的対応の充実をはかるために保健室利用状況調査を行った[10]。本調査結果は当時の来室

者の状況や養護教諭が「相談が必要」と判断した際の事由などを明らかにする貴重な資料になっている。

　ここで、保健室を活用した養護教諭だからこその対応について紹介する。
【事例 1】高等学校でのこと。ある日、保健室に陰部の状態を診てほしいと男子生徒が来室。観察しにくい部位であり、性感染症の疑いもあることから、養護教諭は保健室に置いてある図解式の専門書を見せながら症状を確認。生徒自身が自分の健康上の問題を自覚したことで、相手の女子生徒と共に専門医への速やかな受診につなげることができた。養護教諭の対応に信頼をもった当該生徒は、その後も保健室を訪れるようになり、卒業までには喫煙もやめることができた。

　このケースは、保健室での個別的な保健指導を介して行われた実践例である[11]。

【事例 2】中学校でのこと。ある日、保健室に女子生徒が泣きながら来室。同じクラスの元彼が同じクラスの女子生徒と付き合っていることを知った。中絶までしたのに、他の人と付き合っているのが悔しいとのこと。中絶は親には話していないと聞き、身体への影響も懸念されることから内緒で処置したことは良い対応ではなかったことを指導。地方の小規模校であっても性行動が活発化していること、自分を大切にする意識が低いことを感じて、学年全体に「いのちの大切さ」について考えさせる保健指導を複数回行った。年度末には生徒たちの様子に落ち着きが見られるようになった。

　このケースは、保健室で関わった生徒の状況から学年全体に共通する課題を捉え、改善のために集団的保健指導を行った実践例である[12]。

　これらの事例が示すように、日頃から養護教諭は健康相談や保健指導などを組み合わせて複合的な取組を行っている。そこで、関係する用語の意味を整理することで、養護教諭だからこそ行うべき支援等を捉えてみることにした。

　用語の意味が示すように、従来から養護教諭の職務に位置づいている「健康相談」、「健康相談活動」、「保健指導」では、心身の健康が共通するキーワードになっているのに対し、「生徒指導」や「教育相談」では、個性の伸長と人格の成長への援助がキーワードである。このことから、養護教

論が専門的立場から生徒指導において役割を果たす際には、次のことがポイントになるだろう。

①子どもたちの心身の健康状態や、健康状況から見えてくる発育発達の状態に着目して教育上の問題や課題を捉える。【心身の健康面からの発見】

②捉えた問題や課題は、学校全体の教育活動や支援活動に位置づけられるよう、校務分掌上の担当者や担当部署に、何が・なぜ・どのように問題であるのか、誰が・いつ・どこで課題にすべきかなどを背景や根拠をもとに提示する。【専門職として気づき（視点）の共有】

③捉えた問題や課題が学校全体の教育支援計画に位置づけられ、養護教諭としての役割分担が明示されたならば、専門性を生かして取り組む。【校内連携体制における役割の分担】

④事例1や事例2の実践が示すように、実態から捉えた問題点を解決するための支援として「個別の保健指導」や「集団への保健指導」を行ったり、指導内容が定着して問題の改善や解決に役立っているかを「健康相談」や「健康相談活動」によって補ったりする。【養護教諭だからこその対応】

⑤養護教諭としての取り組み状況を記録して、校務分掌上の担当者や担当部署に定期的に報告し、有効な手立てとなっているかどうかを関係者間で振り返りながら改善や解決に向けて継続的に取り組む【PDCAサイクルを意識した取組】（PDCAサイクルとは、Plan（計画）－Do（実施）－Check（評価）－Action（改善）のサイクルの頭文字をとったものである）。

用　語	用語の意味
生徒指導	【『生徒指導提要』より】 　生徒指導とは、一人一人の児童生徒の人格を尊重し、個性の伸長を図りながら、社会的資質や行動力を高めることを目指して行われる教育活動のこと。すなわち、生徒指導は、すべての児童生徒のそれぞれの人格のよりよき発達を目指すとともに、学校生活がすべての児童生徒にとって有意義で興味深く、充実したものになることを目指している。
教育相談	【『生徒指導提要』より】 　教育相談と生徒指導の相違点としては、教育相談は主に個に焦点を当て、面接や演習を通して個の内面の変容を図ろうとするのに対して、生徒指導は主に集団に焦点を当て、行事や特別活動などにおいて、集団としての成果や変容を目指し、結果として個の変容に至るところにある。教育相談は、

	生徒指導の一環として位置付けられるものであり、その中心的な役割を担うものである。
健康相談	【文部科学省の手引より】(13) 　学校における健康相談の目的は、児童生徒の心身の健康に関する問題について、児童生徒や保護者等に対して、関係者が連携し相談等を通して問題の解決を図り、学校生活によりよく適応していけるように支援していくことである。具体的には、児童生徒・保護者等からの相談希望、健康観察や保健室での対応等から健康相談が必要と判断された児童生徒に対し、心身の健康問題の背景（問題の本質）にあるものを的確にとらえ、相談等を通して支援することである。また、一対一の相談に限定されるものではなく、関係者の連携のもと教育活動のあらゆる機会を捉えて、健康相談における配慮が生かされるようにするものである。 　児童生徒の発達に即して一緒に心身の健康問題を解決していく過程で、自己理解を深め自分自身で解決しようとする人間的な成長につながることから、健康の保持増進だけでなく教育的な意義が大きく、学校教育において重要な役割を担っている。
健康相談活動	【日本養護教諭教育学会の定義より】(14) 　養護教諭の職務の特質や保健室の機能を十分に生かし、児童生徒の様々な訴えに対して常に心的な要因を念頭において、心身の健康観察、問題の背景の分析、解決のための支援、関係者との連携など、心と体の両面への対応を行うと提言され、教育職員免許法施行規則「養護に関する科目」に規定されている養護教諭固有の活動である。
保健指導	【日本養護教諭教育学会の定義より】(15) 　学校における保健指導とは、養護教諭が中心となり他の教職員と連携して、日常の健康観察や健康相談等で把握された児童生徒等に対して必要な個別の指導を行うとともに、必要に応じ保護者に対して必要な助言を行うことである。 【文部科学省の手引より】(16) 　健康相談や担任教諭等の行う日常的な健康観察による児童生徒等の健康状態の把握、健康上の問題があると認められる児童生徒等に対する指導や保護者に対する助言を保健指導として位置付け、養護教諭を中心として関係教職員の協力の下で実施されるべきことを明確に規定したものである。 　個別の保健指導は、個々の児童生徒の心身の健康問題の解決に向けて、自分の健康問題に気付き、理解と関心を深め、自ら積極的に解決していこうとする自主的、実践的な態度の育成を図るために行われるものである。

6　『生徒指導提要』における養護教諭の役割

　1981年の「生徒指導の手引」では養護教諭について言及されていないが、2010年の『生徒指導提要』では本文中の51カ所（小見出しは除く）に記載

があることから、前述したような養護教諭がつかさどる"養護"の捉え方や職務内容の捉え方が具体化する中で、近年は生徒指導においても大いに期待されるようになったと言える。

『生徒指導提要』における養護教諭に関する記述内容を七つの事項に分析した留目[17]は、政策上構想されている現代の生徒指導における養護教諭の役割について次のような指摘を行っている。

＊養護教諭が担う対象は、学校生活に適応できない児童生徒のなかでも「深刻な問題行動や悩みを抱え、なおかつその悩みに対するストレスに適切に対処できないような特別に支援を必要とする児童生徒」である。

＊養護教諭の役割範囲は課題解決的な指導であり、学校の状況によっては予防的視点からの指導を行うケースがある。

＊養護教諭も生徒指導の一角を担う当事者として、児童生徒に関する情報や見立て、遂行可能な役割について、関係者間で交換、検討、共有し、生徒指導に実質的に参加していくことが期待されている。

＊養護教諭は、生徒指導の学校教育活動における位置づけでは「保健・安全指導」の組織に参加するメンバーとされているが、「教育相談」の組織に参加するメンバーとしては明示されていない。しかしながら、「教育相談」組織への位置づけが考量されているとうかがえる。

＊教育相談体制に養護教諭を位置づけることは、児童生徒が抱える課題の解決ばかりか、教員の燃え尽き予防の観点からも有用性が捉えられている。

また、『生徒指導提要』の「(1) 養護教諭としての児童生徒理解と支援」では、養護教諭の役割として、①早期発見、②早期対応、③専門機関との連携、④保健室からの発信が挙げられており、養護教諭が教育相談的役割を果たすための留意点として次のことが示されている[18]。

・保健室で抱え込まずに、学級担任・ホームルーム担任等と連携する。
・教職員や管理職と日ごろからコミュニケーションをよく図る。
・校内へ定期的な活動報告を行う。

・養護教諭の教育相談的役割や児童生徒が保健室を利用した場合の養護教諭と学級担任・ホームルーム担任の連絡の在り方等について共通理解を図る。
・職員会議で養護教諭からの報告の機会を確保する。
・校内研修会で保健室からの事例を取り上げる。
・学校行事や学年行事に養護教諭の参加と役割を位置付ける。
・教育相談の校内組織に養護教諭を位置付ける。

　これらは、保健室で抱え込まない、日頃からコミュニケーションを図るといった「養護教諭自身が努力すべき事項」と、これら以外の「校内体制として整備すべき事項」とに分けられる。

　定期的な報告や養護教諭と学級担任・ホームルーム担任の連絡の在り方、職員会議での報告、校内研修での報告、学校行事や学年行事への参加、教育相談組織への位置づけは、いずれも養護教諭個人が努力して機会を得ることではなく、校長の指導・管理のもとで、校内体制として整備され、実施されるべきものである。このような体制整備が「チームとしての学校」づくりの根幹であり、学校が真にチームとして機能することで、養護教諭も生徒指導（特に教育相談）に関わっていくことになる。

　このような体制整備を考える際の参考資料となるのが、2017 年に文部科学省が発行した「現代的健康課題を抱える子供たちへの支援〜養護教諭の役割を中心として〜」[19]である。この冊子では、養護教諭は、「児童生徒の身体的不調にいち早く気づくことができる立場にあることから、児童生徒の健康相談において重要な役割を担っている。さらに、教諭とは異なる専門性に基づき、心身の健康に課題のある児童生徒に対して指導を行っており、従来から力を発揮していた健康面の指導だけでなく、生徒指導面でも大きな役割を担っている」との考えから、児童生徒の現代的な健康課題に対する養護教諭の取組として、「心身の健康に関する知識・技能」、「自己有用感・自己肯定感（自尊感情）」、「自ら意思決定・行動選択する力」、「他者と関わる力」の育成を取り上げて、チームとして取り組む上での養護教諭

の役割を解説している。

本冊子の「学校における児童生徒の課題解決の基本的な進め方」は**図3**のとおりである。四つのステップは、「対象者の把握」、「課題の背景の把握」、「支援方針・支援方法の検討と実施」、「児童生徒の状況確認及び支援方針・支援方法等の再検討と実施」の順に進められるが、ステップ1の「対

ステップ1

対象者の把握

1 体制整備

養護教諭は、関係機関との連携のための窓口として、コーディネーター的な役割を果たしていくことが重要である。

2 気付く・報告・対応

養護教諭は、日頃の状況などを把握し、児童生徒等の変化に気付いたら、管理職や学級担任等と情報を共有するとともに、他の教職員や児童生徒、保護者、学校医等からの情報も収集する。児童生徒の健康課題が明確なものについては、速やかに対応する。

▼

ステップ2

課題の背景の把握

1 情報収集・分析

養護教諭は、収集・整理した情報を基に専門性を生かしながら、課題の背景について分析を行い、校内委員会に報告する。

2 校内委員会におけるアセスメント

養護教諭は、校内委員会のまとめ役を担当する教職員を補佐するとともに、児童生徒の課題の背景について組織で把握する際、専門性を生かし、意見を述べる。

▼

ステップ3

支援方針・支援方法の検討と実施

1 支援方針・支援方法の検討

養護教諭は、健康面の支援については、専門性を生かし、具体的な手法や長期目標、短期目標等について助言する。

2 支援方針・支援方法の実施

養護教諭は、課題のある児童生徒の心身の状態を把握し、必要に応じ、健康相談や保健指導を行う。

▼

ステップ4

児童生徒の状況確認及び支援方針・支援方法等の再検討と実施

児童生徒の状況確認及び支援方針・支援方法等の再検討と実施

養護教諭は、これまでの支援に基づく実施状況等について、児童生徒の課題が正確であったか、その他の原因は考えられないか、新たな要因が生じていないかなど、情報収集及び分析を行い、支援方針・支援方法を再検討するに当たり、児童生徒にとっても有効なものになるか、専門性を生かし助言する。

図3　学校における児童生徒の課題解決の基本的な進め方（文献19）より引用

象者の把握」の第 1 は「体制整備」であり、養護教諭を窓口として校内外の関係者・関係機関の連携を図ることが求められている。

　このような体制整備がなされていれば、ステップ 2 の「課題の背景の把握」における校内委員会でのアセスメントが可能になり、ステップ 3 の「支援方針・支援方法の検討と実施」において支援方針や支援方法を検討することも容易になる。今後、チーム学校の中で生徒指導に取り組んでいくならば、基点とも言える校内外の体制整備が要と言えるだろう。

7　チーム学校の中で生徒指導の担い手となる養護教諭の育成に向けて

(1)　養護教諭養成における授業内容の課題

　平成 29 年 11 月に改正された教育職員免許法施行規則において、教職に関する科目では、「生徒指導の理論及び方法」という内容は従前通りに残されたが、養護教諭免許の取得に必要な単位は、「生徒指導及び教育相談に関する科目（生徒指導の理論及び方法、教育相談（カウンセリングに関する基礎的な知識を含む。）の理論及び方法）」4 単位から、「道徳、総合的な学習の時間等の内容及び生徒指導、教育相談等に関する科目（イ　道徳、特別活動及び総合的な学習の時間に関する内容、ロ　教育の方法及び技術（情報機器及び教材の活用を含む。）、ハ　生徒指導の理論及び方法、ニ　教育相談（カウンセリングに関する基礎的な知識を含む。）の理論及び方法）」6 単位に変更されてイやロの内容も含まれることから、生徒指導や教育相談について学ぶウエイトは小さくなることが懸念される。

　そこで、実際の授業内容を 3 大学のシラバスで見てみた。渡邊[20]や森ら[21]のように、将来養護教諭になることを想定して授業内容を組んでいるA大学やB大学の例がある一方で、C大学のように指導援助の実際における養護教諭固有の役割があまり強調されていない例もある。

　大学の授業において『生徒指導提要』の存在は大きく、そこに述べられている内容を紹介すれば生徒指導の理解とある程度の養護教諭の役割を教授することはできるだろう。しかしながら、前述のとおり、養護教諭の職務には専門性を生かして取り組む健康相談や健康相談活動、保健指導があ

ることから、これらの取組と生徒指導とのかかわりを教授する必要がある。各大学にはT.T.を活用するなどした授業の工夫を望みたい。

●養護教諭免許状取得における「生徒指導の理論及び方法」のシラバス

◇A大学　◇履修時期：3年・前期 ◇授業目標：生徒指導提要の概要を把握する。養護教諭の立場からみた生徒指導の実践的な在り方について学び、現場での対応について考える。 ◇授業内容：生徒指導の意義と原理、教育課程と生徒指導、学校における生徒指導体制、飲酒・喫煙・薬物乱用、少年非行、暴力行為、インターネット・携帯電話、性に関する課題、命の教育と自殺の防止、児童虐待への対応、家出、不登校、中途退学
◇B大学　◇履修時期：3年・前期 ◇授業目標：人間としての在り方・生き方を問う生徒指導の進め方について考察し、生徒指導の実践的指導力の基礎を培う。 ◇授業内容：生徒指導の意義と課題、生徒指導体制と生徒指導計画、校則・懲戒・体罰と生徒指導、児童生徒を取り巻く環境の変化と生徒指導、生徒指導と教育相談、不登校・引きこもりへの指導援助（小・中・高）、いじめへの指導援助（ネットいじめ・いじめの予防）
◇C大学　◇履修時期：3年・後期 ◇授業目標：生徒指導・教育相談の基礎知識理解。子どもの心身の発達についての基礎的な理論の学習。事例検討による実践に必要な知識や技能の習得。 ◇授業内容：生徒指導・教育相談とは、生徒指導・教育相談における養護教諭の役割、子どもの心と身体の発達、児童生徒の理解（アセスメント、カウンセリング技法）、アセスメントの実際（発達障害、精神疾患、いじめ・非行、虐待）、学校内外における連携

（2）現職養護教諭の研修における課題

　各自治体の教育委員会が作成している「教員育成指標」は、現職教員の研修計画を支える基本となるものであることから、養護教諭の育成指標について見てみた。資質能力の枠組みの中で、養護教諭固有の役割である「健康相談」や「保健指導」とは別に、「生徒指導」や「生徒指導力」を掲げている自治体がある一方で、生徒指導という表現は使わずに「カウンセリング・教育相談」や「生徒等の問題行動への対応」を掲げている自治体もある。中には、生徒指導については掲げていない自治体もあり、養護教諭の研修における生徒指導の取り上げ方は多様である。

　教育委員会等の研修では深められない課題については、一校一名の配置が大半であり、校内での研修では専門性に関わる検討が十分にできない養

護教諭にとって、近隣の養護教諭との研修機会[22]は重要な意味をもつ。

　生徒指導や教育相談に関しては、多くの場合、対応した事例をもとに振り返るケース会議であるが、今後は養護教諭が校務分掌で担っている役割に注目することも必要である。

　近年、養護教諭が担う校務は拡大していることから、「保健主事や特別支援教育コーディネーターを兼務している場合」、「生徒指導部や教育相談部の担当である場合」、「生徒指導部や教育相談部の総括責任者である場合」によって、連携協力の在り方とその振り返り方は変わり、それぞれで求められる養護教諭の能力も微妙に異なることを理解しておく必要がある。

（3）養護教諭が行う生徒指導に求められる能力

　専門性を生かしながら、チーム学校の中で生徒指導に取り組む養護教諭に求められる能力を整理してみた。

＊第 1 の能力：個別に対応する力

　子ども一人一人の心身の健康状態に着目して、実態把握、問題発見、支援計画・指導計画の作成、連携、課題解決へと発展させていくことのできる力

　特に、ここでは突発的な事象も予想されるため、緊急性の判断や危機管理（生命保持、人権保障、個人情報保護など）、解決に向けて必要な時間の長さ、解決に向けて必要な関係者の広がりなどに対応できる力が求められる。

＊第 2 の能力：集団に対応する力

　個別の健康問題に対応する中から、学級や学年、全校、地域に共通する健康問題や教育課題を捉え、集団を対象に、問題意識の向上、支援計画・指導計画の作成、連携、課題解決へと発展させていくことのできる力

　特に、ここでは個別の対応よりも計画的・意図的な対応が可能となることから、予防的・開発的な取組として、子ども自身が危険予測、問題把握、課題解決ができるような方法を周知する力が求められる。

＊第 3 の能力：コーディネートする力と学校全体を動かす力

　近年、校長や教頭になって養護教諭としての経験を生かした学校経営を行う人が徐々に増えている。地域によっては、養護教諭が主幹教諭に

任命されて、校務分掌の中で教育相談部や生徒指導部の総括を務めていることがあることから、日頃から養護教諭以外の人の専門性や職務を理解して、校内の分掌組織や校外の専門家等とのかかわりの中で発揮できるコーディネートの力

養護教諭は、一人一人の児童生徒に対応する力を基礎として、集団への指導を予防的・開発的に行う力を加えるのみならず、教職員や校外の専門家等をつなぎ、チームとして取り組んでいくためのコーディネート力や学校全体を動かす実践力を有することが望まれる。

そのための養成教育や現職教育には共通指標となるようなカリキュラムや研修のモデル提示は実現していないが、各校の養護教諭は日々の実践を積み上げている。今後は、多くの実践から導いた実践知をもとに、学校や学校を取り巻く地域を含めた組織体制が可視化され、専門性を生かした生徒指導における養護教諭の役割が明文化され規定されていくだろう。

[引用・参考文献]

1　杉浦守邦『養護教員の歴史』東山書房、1974 年、p.35

2　大谷尚子「わが国における『養護』という言葉の使われ方について」『日本養護教諭教育学会誌』4（1）、2001 年、p.109

3　日本養護教諭教育学会「養護教諭の専門領域に関する用語の解説集〈第一版〉」2007 年、p.1

4　後藤ひとみ「養護教諭の専門性を生かした子供たちの心身の健康の保持増進に向けた取り組みについて―チームとしての学校づくりから考える―」『全国養護教諭連絡協議会第 23 回研究協議会報告書』2018 年、pp.13-14

5　日本養護教諭教育学会「養護教諭の専門領域に関する用語の解説集〈第一版〉」2007 年、p.3

6　公益財団法人日本学校保健会「保健室利用状況に関する調査報告書（平成 28 年度調査結果）」2018 年、pp.5-6

7　植田誠治・河田史宝監修、石川県養護教育研究会編『新版・養護教諭執務のてびき 第 10 版』東山書房、2018 年、p.177

8　三木とみ子編集代表『新訂養護概説』ぎょうせい、2018 年、pp.236-255

9　棚野勝文「学校教育における生徒指導対応の変遷に関する一考察―『いじめ問題』をめぐる課題を中心に―」『岐阜大学教育学部研究報告（人文科学）』66（1）、2017 年、pp.281-290

10　財団法人日本学校保健会「保健室相談活動調査研究委員会 保健室利用者調査報告書」1991 年、pp.4-27

11　山崎隆恵・後藤ひとみ・天野敦子「保健室における個別的保健指導の展開」『日本養護教諭教育学会誌』7（1）、2004 年、pp.63-72

12　古屋淳子・後藤ひとみ・天野敦子「保健指導において養護教諭が行う『評価』の一試案―性に関する授業を例に―」『日本養護教諭教育学会第 9 回学術集会抄録集』2001 年、pp.54-55

13　文部科学省「教職員のための子どもの健康相談及び保健指導の手引」2011 年、pp.1-2

14　日本養護教諭教育学会『養護教諭の専門領域に関する用語の解説集〈第三版〉』2019 年、p.23

15　日本養護教諭教育学会『養護教諭の専門領域に関する用語の解説集〈第三版〉』2019 年、p.31

16　文部科学省「教職員のための子どもの健康相談及び保健指導の手引」2011 年、pp.3-10

17　留目宏美「養護教諭の生徒指導参加をめぐる課題に関する考察―生徒指導における養護教諭の役割についての政策文書の分析を中心に―」『学校経営学論集』第 6 巻、筑波大学学校経営学研究会、2018年、pp.11-20

18　文部科学省『生徒指導提要』2010 年、pp.123-124

19　文部科学省「現代的健康課題を抱える子供たちへの支援～養護教諭の役割を中心として～」2017 年

20　渡邊言美「養護教諭養成課程における『生徒指導論』授業実践の成果と課題」『就実教育実践研究』第 11 巻、2018 年、pp.101-114

21　森慶輔・黒岩初美「養護教諭養成課程『生徒指導論』におけるアクティブラーニングの試み」『足利工業大学看護学研究紀要』5（1）、2017 年、pp.25-34

22　関口瑞恵「校内体制を支えるための養護教諭支援チームづくり―市内養護教諭部会でのケース会議を通して―」『神奈川県立総合教育センター長期研究員研究報告』第 9 集、2011 年、p.85-90

第3章

生徒指導と教育活動の
連携統合

Ⅰ 教育相談と生徒指導

京都教育大学大学院教授 片山紀子

1 生徒指導におとずれる危機

　人は安泰でいるとき、安泰であるということにすら気づかずに安穏として毎日を過ごしてしまう。

　マキャベリの『君主論』には、次のような一文がある。

　永年、君位についていたイタリアの諸君候が、しまいに国を奪われたからといって、責任を運命に負わせては困るのだ。これは、彼ら君主のせいである。―いいかえれば、凪（なぎ）の日には時化（しけ）のことなど想ってもみないのは人間共通の弱点であって―彼らもまた、平穏な時代に天候の変わるのをまったく考えなかった。

　学校でも突然、事件や事故が起きる。いわゆる時化（しけ）の日である。生徒指導体制が整っていたとしても、防ぎようのない事件や事故もあるが、いじめや体罰などの事案を検証していくと、生徒指導機能と教育相談機能が平素からうまく連携していなかったことに気づかされる。

　背景に、校内のチーム化の脆弱さが透けて見えるのである（片山・森口、2017）。

　この点、すぐに脳裏に浮かぶのは、2015 年に川崎市多摩川河川敷で起きた、いわゆる川崎中 1 男子生徒殺害事件である。不登校状態にあった生徒が巻き込まれたこの事件は、生徒指導機能と教育相談機能がうまく機能していれば、防げたかもしれない事案である。ただし、こうした残念な事案は枚挙にいとまがない。

2　生徒指導と教育相談の間にあった溝

　かつて、生徒指導と教育相談の両者が対立し、深い溝があった時代がある。未だに残る生徒指導（狭義の意）のイメージといえば「動」で、教育相談のそれは「静」といったところだろうか。あるいは、生徒指導のイメージは「集団」、そして教育相談のそれは「個」かもしれない。

　武藤（1991）は、心理学の立場から捉えるときと教育学の立場から捉えるときとで、生徒指導の力点の置き方に違いがあると述べている。「心理学の立場からとらえるときには、個別相談の側面に力点が置かれ、心理療法など教育相談に関する専門的手法が取り入れられていくのに対し、教育学の立場からとらえるときには、学校の共同的生活場面（ことに学級活動）において、児童生徒の生き方をどのように育てることが可能であるかというところに力点がおかれ、学級担任を中心として行われる実践的手立てを追求していくことになる」とその違いを記している。教育学から対応を考える生徒指導、心理学から対応していく教育相談ということになる。

　振り返ると、以前から教師に「カウンセリングマインド」を身につけることが求められるなど、教育相談への高まりが素地としてはあった。ただ、実際、学校にスクールカウンセラーが入るようになったのは、1995（平成7）年より実施された「スクールカウンセラー活用調査研究委託事業」からで、その後2001（平成13）年からは5年計画で全公立中学校に配属されるようになった。

　スクールカウンセラーが学校に導入される以前の1980年代は、非行の第3の波に当たる時代で、刑法犯少年の検挙数は人口比にして現在のおよそ5倍と非常に多かった。子どもを力で押さえつけなければ、荒れを抑えることが難しい時代で、生徒指導といえば「力」に依存するのが当たり前の時代だった。

　しかし、不登校の増加が1970年代以降続き、その傾向が増す中で「力」で押さえつけるだけの生徒指導には限界があることをやがて実感するようになる。外から抑えつけるだけでは子どもが理解するはずも、納得するはずもなく、子どもの心に迫ることができなくなってきたのである。

そうした経緯を経て、教育相談が重視されるようになった。学校現場のニーズに基づく教育相談ではあったが、導入直後は生徒指導との対立が目立っていた。考え方や対応の違いが際立ったためである。

　最も大きな障壁となっていたのは、教育相談の基本姿勢である「守秘義務」から派生したものだと思われる。当初は子どもや保護者からの相談が、守秘義務を盾にスクールカウンセラーのところで止まってしまい、管理職や教員に知らされなかったため、カウンセラーと教職員との間に、齟齬や不信感が生じたのである。

　具体的な対応にも違いがあった。例えば、教室に入れない子どもをめぐって、教育相談の立場に立つ養護教諭等は、子どもを保健室にとどめながら学校に馴染ませようとした。その一方、生徒指導の立場に立つ生徒指導主事や担任等は、できるだけ教室に戻そうとし、養護教諭等は子どもを甘やかしているという見方をしていた。

　不登校になった子どもの対応をめぐっても、生徒指導的立場に軸足を置く教員は「早く登校させなくてはならない。そのためには、毎日家庭訪問をして早く学校に戻さなければならない」と考えたが、他方スクールカウンセラーなど教育相談的立場に身を置く者は、「担任が毎日家庭訪問すると、子どもの感じる負担が大きい。急がずにじっくり対応すべきだ」と考え、対立がみられた。

　教育学に拠って立つ生徒指導と心理学に拠って立つ教育相談には、それぞれがもつ文化に違いがある。生徒指導は、集団指導に重きを置いて対応を考えるため、効率性を重視しながら行動し、事態を早く収拾したいと考える。また集団指導を意識するため、服装や態度など外に見える部分を重視しようとする。

　一方、教育相談はじっくりと子どもと向き合おうとするため、やや長期的展望のもと対応する。また外面よりは内面の変化を重視する。したがって、効率の点では少し悪いかもしれない。

　どちらも「将来に向けて子どもを自立に導く」という生徒指導上の目標は同じであるにもかかわらず、比重の置き方が異なっているため、そこにコンフリクト（葛藤）が生じていたのである。

3　生徒指導機能と教育相談機能がうまく機能しなかった例

　都市部に位置する中学校で、普段は目立つことのないある男子生徒が他校の生徒と一緒に、万引きをしたという連絡が入った。早速、生徒指導部は生徒指導主事を中心に対応にあたり、店への対応や謝罪をし、相手校の学校関係者ともやりとりを行った。もちろん男子生徒の保護者とも面談し、本人に指導も行った。

　生徒指導部は、「これで一件落着した」と思った。その矢先、また同様の事件が起きた。しかも一人での万引きだった。

　この事案は一見、狭義の生徒指導的案件であり、対応にも特にまずいところはなかったかのようにみえる。しかし、後からわかったのであるが、男子生徒の家庭内では、両親の不和等さまざまなトラブルが起き、不安感から万引き行為に至っていた。生徒指導的対応に加えて、教育相談が必要とされる事案だったのである。

　教育現場では日々時間に追われるのが常で、万引きであれ、性非行であれ、呼び出しては「叱って、はい終わり」といった表面的な対応をすることが多い。しかし、そうした対応ばかりしていると、上滑りしてしまう。近年は、発達障害に起因する事案や深刻な家庭の問題が背後にあって福祉につながなければならない事案も増えており、先のような一面的な理解や対応では、エネルギーを費やす割に益するところがなく、解決には結びつきにくい。

　困っている本人が納得しなければ、あるいは自らそう思うようにならなければ、同じことをまた繰り返してしまうからである。

　アメリカの教育者ラバリー（2018）は言う。「教師には、生徒を丸ごと——その情緒面から家庭環境、社会的におかれた状況、文化資本、認知能力まで——幅広く理解することが必要とされる」と。だが、忙しい学校現場では、幅広く理解するよりも、子どもたちを効率的に処理しようとする力学がどうしても働きやすい。強く意識しておかないと時間のかかる教育相談のウエイトは次第に小さくなり、出番すらなくなる。

4 そもそも人にはクセがある

　生徒指導に軸を置くか、教育相談に軸を置くか、という立ち位置の違い
もあるが、それだけではなく実はそもそも人には「クセ」がある。教師は
自分の学級や学校でなにかちょっとしたことであっても、そうした問題に
出くわすと、その人なりにまずは自分の頭の中でアセスメント（見立て）
を行い、その後どの程度周りを巻き込んだらよいのかも含め解決策を考え
る。

　その見立てを行う際に、気をつけなくてはならないのが、教員には「ク
セ」があるということである。自分では気づかない暗黙知レヴェルのゲ
シュタルト（ひとまとまりの内的構造）がそもそも人によって異なる。ま
たそれまでの経験を通して、それぞれに固有のビリーフ（信念）を備えて
もいる。このため、問題に向かう動き方もそれぞれ違うのである。

　多方面に注意が払え、バランスのよい教員も多いが、とはいえそれぞれ
一人の中では得意不得意があり、考え方に偏りがある。自分ではあまり気
づきにくいが、ある教員が当たり前だと思ってとった行動も、周りの教員
から見ると非常識であったり、信じがたい行動であったりもする。

　ある子どもが「死にたい」と、口にしたとしよう。それを聞いた瞬間、
暗黙知レヴェルのゲシュタルトやビリーフに従って教員は各自判断し、行
動する。しかし、それらはやはり偏っている。例えば、「死を口にする子ど
もには危険が迫っている」と捉える教員は、「このままではいけない！　本
人に話を聞いた上で、同僚にもそのことを伝えたほうがよい。保護者にも
子どもの様子を聞いたほうがよい」と考えるであろう。

　しかし、「死」に対しての暗黙知レヴェルのゲシュタルトあるいはビリー
フが異なる別の教員は、「死にたいと言うのは自分に気を引きたいだけだ」
と捉え、「またあんなことを言っている。いつものことだ」と気にも止めな
い。ここにみるように、同じことが子どもから発せられても、その見方や
対応は教員によって違う。

　2015年7月に岩手県矢巾町で起きた中学2年生男子のいじめ自死事件
では、子どもから相談を受けていた担任の女性教諭が、「死にたい」と繰り

返し表明する子どもの声を、「教師の気を引きたい」だけだと思い込んでしまい、他の教員を巻き込んで対応することはなかった。人にはそれぞれ「クセ」がある。それを自覚し、周りに相談したり、協議したりしていれば、子どもの命は救えていたかもしれない（片山、2018）。

5　世代間にも差異がある

　人にはそれぞれクセがあるだけでなく、世代間の感受性にも大きな差異がある。片山・角田・小松（2017・2018・2019）は、若年教員と経験のある教員との間に、児童生徒理解や保護者理解など、生徒指導にかかる認識に大きなズレがあることを指摘している。小中学校の教員を対象にしたアンケート調査から、5年未満の教員は、5年以上の教員と比べて、生徒指導上の問題がみえていないことを見出したのである。こうした結果は、当然の結果ともいえようが、経験のある教員と若年教員の感じ方に、思いのほか大きな落差があったことになる。

　土井（2016）は、子どもの貧困を取り上げる中で、多くの子どもたちが生きている「生活圏が内閉化した日常世界」では、その日常世界の外には努力すれば報われる機会があるにもかかわらず、その機会が剥奪されていることが子ども本人に自覚されにくいことを指摘し、それを「剥奪感をも剥奪されているという意味で、ここには剥奪の二重化が生じている」と表現した。

　こうした土井の指摘するような事態が、子どもたちばかりでなく、比較的若い世代の大人たちにも当てはまると考えられないだろうか。若年教員は、情報通信機器を活用する力に長け、有り余るほどの情報の海を泳ぐことができることと引き換えに、感受性を育むことと、ある種のトレードオフ（両立不可能）の関係になっているのかもしれない。若年教員は剥奪されていることに気づくことすらしていない。

　一方、経験のある教員は、一定の裏づけのある実践力をもち、大局的な判断力や文脈を読む力に長けているかもしれないが、自分自身の経験が災いして、今、目の前で実際に起きていることを、ありのままに受け取るこ

とはできずに、経験のある教員の考える「正しい姿」を目指して、自分が経験してきたこととは異なる現状や状況の変化に対して、自分の経験で理解できるものに解釈し直し、行動してしまうかもしれない。

このように、眼前に広がる同じ光景を見ても、若年教員と経験のある教員とでは、かなり異なった受け止め方をしていることが考えられる。それぞれに他者と対話していくことに固有の困難さを抱えた異質な者同士が、校内に同僚として混在していることになる。

この若年教員と経験のある教員の間にある「感受性の違い」が、「チームとしての学校」を阻害している可能性がある。生徒指導と教育相談の間にある溝だけではなく、こうした世代間による差異にも注意を払う必要があろう。

6　生徒指導機能と教育相談機能が一体化した学校

（1）A 中学校の体制

京都市にある A 中学校は、学校規模が大きく生徒指導上の問題も決して少なくない学校である。徹底して連携を意識しなければ、小さな問題はあっという間に肥大化してしまう。このため、職員朝礼前に、毎朝、管理職と学年主任が校長室で 5〜10 分程度打ち合わせを行うなどして、齟齬が生じにくい仕組みを整えている。

この学校の生徒指導体制は、大きく「生徒指導部」と「支援教育部」の二つに分かれる。「生徒指導部」は主に問題行動を扱い、他方、「支援教育部」は教育相談や特別支援等の個別的対応を取り扱う。京都市の中学校では、生徒指導体制は一本化されていることが多いが、当校は学校規模が大きいため扱う件数も多く、混乱を避けるために敢えて二つに分けている。

まず「生徒指導部」であるが、『生活補導係会』を設定し、月曜日の 3 時間目に毎週会議を行っている。この会議は、時間割に正式に組み込まれており、その時点で起きている問題行動事案について週に一度は意見交換を行い、対応を協議している。

一方、「支援教育部」は、毎週金曜日の 4 時間目に、スクールカウンセ

ラーの勤務日であることを利用して、『総合育成支援教育係会』を設定している。こちらの会議は、生徒指導や教育相談・特別支援を包括的に捉え、スクールカウンセラーや管理職を含め、多方面から子どもを支援するためのもので、参加メンバーは**表1**のとおりである。

表1　支援教育部会のメンバー（毎週金曜4時間目に時間割に組み込んで開催）

■スクールカウンセラー
■管理職
■生徒指導主事
■支援教育主任
■教育相談主任
■LD等通級指導教室担当教員
■育成学級（特別支援）担任
■学年の特別支援担当教員（隔週）
■学年の不登校担当教員（隔週）
■総合育成支援員

　生徒指導主事は、担任を外れていることもあって、『生活補導係会』および『総合育成支援教育係会』のいずれにも必ず参加する。両方の会議に出席することによって、問題行動の事案だけでなく、教育相談や特別支援の事案についても全て把握する。情報を網羅することによって、生徒指導主事の見立てに偏りがなくなり、包括的な指導が行える。

　このスクールカウンセラーを含んだ包括的な会議は、一つのモデルとして参考になり得る。スクールカウンセラーについては、非常勤であることもあって、一般に教育相談関連の会議のみに組み込む学校も多いが、この学校は、『総合育成支援教育係会』という会議を設定することによって、定期的に関係者同士が話をすることができるようにしている。時間割に組み込み、確実に毎週顔を合わせて意見交換することで、子どもへの見方に偏りがなくなる。そうなると、生徒指導・特別支援・教育相談といった壁自体も自ずとなくなってくる。

　近頃の学校は会議の時間を短縮しようと、メールでの情報配信も増えて

いる。しかし、文字にして報告するほどのことではなくても、気になることはよくあるものであり、そのことに解決の芽があったりもする。当校のように枠組みを整えることによって、小さな事案も見過ごされにくく、一人の見立てではない包括的な見立てができる。しかも、この時間に会議があることがわかっていれば、誰もが必ずそのことに専心できる。放課後にすると小さい子どもがいて帰宅を急がなければならない教員は落ち着いて参加することがしにくい。

この学校ではコンスタントに会議を運営することによって、参加する担当教員が生徒指導にかかる力をバランスよく身につけることができている。またそれだけでなく、そこで培われた力が全教員へと波及していることも確認できる。

（2）スクールカウンセラーをどう巻き込むのか

A中学校の基本方針は、「子どもの心理的な部分にもしっかり配慮し、一人ひとりの存在を大事にしながらサポートしよう」である。反社会的な行動であれ、非社会的な行動であれ、共通して背景に子どもの「孤立」があると捉え、子ども同士をつないでいくことに力を入れており、生徒指導や教育相談の垣根は低い。その一端はスクールカウンセラーとのかかわりからもうかがうことができる。

実際に問題が生じた際、子どもに寄り添った配慮をどのようにしたらよいのかなど具体的な対応を、教員が思い描くのは意外と難しい。それに気づかせてくれるのがこの学校では、スクールカウンセラーである。

例えば問題行動を起こした子どもは、それが明るみに出ることによって心理的に不安定になりやすく、それを機に学校に来にくくなることもある。そんな時、子どもにどのように伝えたらよいのかについてのヒントがコンサルテーションの場面でカウンセラーから示されると、教員は安心して指導ができるし、子どもも叱責を素直に受け入れやすくなる。

さらにスクールカウンセラーは、教員が行う家庭訪問にも、うまく関わっている。問題が生じた場合、家庭訪問については、「行うことがよいこと」であると一般に捉えられがちであるが、実はそんなに簡単なものではない。何の知識もない教員が、問題が生じたからといって家庭訪問を行っ

ても、保護者との間に対立が増すだけで、危険極まりない。近年は、保護者の勤務が遅いことやセキュリティーの厳しい集合住宅が増えたこともあって、家庭訪問は一層難しくなっている。

こうした家庭訪問には、カウンセラーのもつカウンセリングの素養や技能が役立つ。保護者のニーズを汲み取ったスクールカウンセラーが、コンサルテーションの中で、いつ（時間帯）訪問したらよいのかやどのように保護者に伝えたら保護者が気持ちよく理解するかについて示唆し、教員が苦手とする部分に上手に関わっている。

学校によっては、「うちのスクールカウンセラーは役に立たない」と、不満をあらわにするところも少なくない。しかし、スクールカウンセラーは、少なくとも心理を学んだ専門的知識をもった教育相談のプロである。

「スクールカウンセラーを学校にとって役に立たないと感じるとしたら、それはスクールカウンセラーの力を引き出せない生徒指導部や支援教育部の力不足にある」と、当中学校の教員は考えている。舵を取っているのはあくまでも教員である。

教員から求められればスクールカウンセラーも自らの力を発揮できようが、不信感をもってないがしろにされれば、もともともっている力の半分も発揮できない。スクールソーシャルワーカーについても同様である。

Ａ中学校の生徒指導部や支援教育部は、そうしたスタッフの力を引き出すのが実にうまい。人に頼られなければ、自己有用感が高まらないのは、子どもだけでなく大人も同じである。

教員もスクールカウンセラーに助けられてよかったということを実感すれば、その後もまた自ら心を開き、助けてもらうことは決して悪いことではないと考えるようにもなるであろうし、以後も自分の把握している情報を出していこうとするであろう。

頭で考えれば簡単なことに思えるかもしれないが、実行できる学校はそう多くない。

（3）Ａ中学校を管轄する京都市教育委員会の体制

Ａ中学校を管轄する京都市教育委員会の体制をここで少し補足しておきたい。京都市では、昭和 20 年代から教育相談活動を始め、昭和 30 年代

には元文化庁長官故河合隼雄氏をカウンセラーとして迎えて全国に先駆け
カウンセリングセンターを設立するなど、教育相談に力を入れてきた。同
時に、生徒指導も重視し、早くから教員・生徒指導課・カウンセラー等が
一緒になって事例検討会を行うなどしてきた歴史のある自治体である。

　こうした経緯をもつ京都市において、現在、スクールカウンセラーの職
務内容で最も重視しているのが、教職員へのコンサルテーションである。
つまり、子どもや保護者へのカウンセリングよりも教職員への援助が上位
に位置づけられていることになる。Ａ中学校で見られたスクールカウン
セラーの動きはこうした施策が具現化されたものだといえる。

7　生徒指導機能と教育相談機能をつなぐ人間関係力

　生徒指導体制がうまくいっている学校は、先にみたＡ中学校のように
仕組みづくりがうまい。学校現場には、誰もが簡単に使いこなせ、誰もに
利益がもたらされる単純な仕組みこそが求められている。学校の中にやや
こしい仕組みを導入したとしても、結局は使いこなせない。

　ただし、仕組みだけでうまくいくはずはなく、仕組みがうまくできてい
ても、実際にはうまくいかないことのほうが多い。Ａ中学校にみるように、
生徒指導と教育相談が一体化している学校に共通するものは何か。

　それは、組織内の人間関係力の高さである。人間関係力とは、社会関係
資本を蓄積しながら人とつながっていける力、仮に自分一人でできなくて
も、周りに訴えかけて、人に助けてもらえる力である（片山、2016）。子ど
もや保護者から話を聞いたならば、それを同僚や管理職に相談し、スクー
ルカウンセラーやスクールソーシャルワーカーも含め周りを巻き込める、
高い人間関係力が組織内に育っているかどうかである。

　教員になる人は一般に責任感が強く、自分一人で物事を解決しようとす
る。子どもには多様性を認めることを説く一方で、自分自身はむしろ斉一
性を求め、考えが違う人を無意識のうちに敬遠する。これは、教員に限っ
たことではない。誰しも自分とは異なる別の考え方に出食わすまで、無意
識のうちに自分の考えが正しいと考えており、視点を変え、違った立場か

らみることは、かなりハードルが高い。既にもっている自分の認知を修正したり、拡大させたりすることが、自分自身にとって負担になり、しんどいからである。

近年、保護者が多様化していると言われるが、生徒指導で難しいとされることの一つが、保護者との連携である。考えを異にし、年齢も異なる多様な保護者に、想像力をめぐらせながら担任が一人で対応するのは、非常に難度が高い。先述したように教員にはそれぞれ「クセ」があるだけでなく、若年教員と経験のある教員とでは児童生徒理解や保護者理解など、認識に「ズレ」もあるからである。

ここに必要なのが、人間関係力である。人とつながることを軽視する組織、助けを求めることが弱い者のすることだと受け止められる組織では、困ったことがあっても誰も口にしない。やがて危機に見舞われるのがオチである。

ただし、学校が危機に陥れば、子どもに不利益が生じる。さらには、それだけでなく報告書の作成やマスコミ対応などを含めて教員の負担は膨大に増え、学校は確実に疲弊する。

そうした事態を防ぐために組織として筆頭に大事なのは、生徒指導主事を中心に、人に助けを求めることは恥ずかしいことではないというメッセージを明確に示すことである。そして、助けを請うことで教員が物理的にも心理的にも楽になることを目に見えるように発信することである。

「チーム学校」とは、初めからそこにあるものではなく、意図的に創るものである。その核心は、「人間関係力を駆使し、周りにいる仲間と共に物事を創造的に解決していくこと（creative solution）」にある。教員一人一人が「自分を開いて、仲間と共に創造的に解決したらよいのだ」という文化が組織に醸成できれば、生徒指導と教育相談の間の垣根など自ずと消失する。

[引用・参考文献]
● 角田豊・片山紀子・小松貴弘『子どもを育む学校臨床力─多様性の時代の生徒指導・教育相談・特別支援』創元社、2016 年
● 片山紀子・角田豊・小松貴弘「チーム学校に向けた現代的課題─生徒指導的観点から─」『京都教育大

学紀要』第 130 号、2017 年 3 月、pp.35-47
- 片山紀子・角田豊・小松貴弘「チーム学校に向けた現代的課題 (2) —生徒指導的観点から—」『京都教育大学紀要』第 131 号、2017 年 9 月、pp.33-46
- 片山紀子・角田豊・小松貴弘「チーム学校に向けた現代的課題 (3) —生徒指導的観点から—」『京都教育大学紀要』第 134 号、2019 年 3 月、pp.51-64
- 片山紀子『三訂版 入門生徒指導』学事出版、2018 年
- 片山紀子編著、森口光輔著『やってるつもりのチーム学校』学事出版、2017 年
- 土井隆義「ネット・メディアと仲間関係」佐藤学・秋田喜代美・志水宏吉・小玉重夫・北村友人編『岩波講座 教育 変革への展望 3 変容する子どもの関係』岩波書店、2016 年、p.126
- 武藤孝典『生徒指導の理論』放送大学教育振興会、1991 年
- ニッコロ・マキャベリ著、池田廉訳『新訳 君主論』中公文庫、2002 年改版
- 矢巾町いじめ問題対策委員会「調査報告書（概要版）」2016 年 12 月 23 日
- Labaree,David F.,*Someone has to Fail- The Zero-Sum Game of Public Schooling*,President and Fellows of Harvard College, 2010.（倉石一郎・小林美文訳『教育依存社会アメリカ』岩波書店、2018 年）

［謝辞］本稿を執筆するにあたっては、京都市立中学校の佐々木祥晴校長、宮迫嘉徳教諭、および京都市教育委員会指導部担当部長・京都市教育相談総合センター所長池田忠氏に情報提供いただいた。ここに感謝の意を表する。

II 特別活動と生徒指導
―集団的・実践的・自治的活動を通じた人間形成―

神戸大学大学院准教授　川地亜弥子

1 特別活動とは

　特別活動は、学習指導要領において、教科、道徳（小・中）、総合的な学習の時間（小・中）、総合的な探究の時間（高）等とならんで、教育課程の1領域をなしている。「全教育活動を通して行われる人間形成の統合的な時間」[1]とも位置づけられ、学校教育全体の要とも言える領域である。

　少し具体的に考えてみよう。どんな活動が特別活動なのだろう。以下に挙げるもののうち、特別活動に当たるものを選んでほしい。

　朝の会、帰りの会、ロッカーの整理整頓、係活動、掃除当番、給食、学級の決まりをつくること、学校図書館の活用、手洗い指導、歯みがき指導、交通安全指導、児童会・生徒会、校則づくり、クラブ活動、部活動、職場体験、運動会・体育祭、学芸会（学習発表会）、作品展、文化祭、音楽祭、遠足、自然体験学習（「山の家」、「海の家」等での活動）、修学旅行、ボランティア活動、避難訓練、6（3）年生を送る会、入学式、卒業式

　いくつ選べただろうか。実は、部活動以外は全て特別活動である（部活動は、学校が責任をもって行う学校教育ではあるが教育課程外である）[2]。こうした活動や行事を通じて、いじめの未然防止等を含めた生徒指導との連関を図ることが期待されている。

　なお、大学の授業で、「小学校から高校までの学校生活で、あなたの人間形成に影響を与えたと思うもの（人・事もOK）を教えてください」と尋ねると、特別活動に関連したものが多数挙がってくる。生徒指導は、「児童生

徒自ら現在および将来における自己実現を図っていくための自己指導能力の育成を目指す」$^{(3)}$ものであり、青年の振り返りを見ても、特別活動は生徒指導上の重要性が高い領域であると言える。

2　教育課程における特別活動の位置づけ

　特別活動は、内容が多岐にわたるだけでなく、時数の裁量も大きい。実は、学校教育法施行規則別表に明記されている時数は、小 1 で 34、それ以外では 35 単位時間（年間 35 週は授業を行うという前提で時数は書かれているため、要は、週 1 単位時間）で、極めて少ない。この時数で、冒頭に挙げた活動・行事（部活動を除く）ができるわけがない、ということに気づくだろう。この年間 35（34）単位時間は、給食指導を除く学級活動にあてるものである$^{(4)}$。それ以外は時数の指定がなく、学校の裁量に任されている。

　さて、最も時数の多い領域である教科（中学校では各学年 875 単位時間。小 1 でも 782 単位時間）よりも、特別活動のほうが自分に影響を与えたという印象をもっている人が多いのはなぜだろう。その理由の一つとして、特別活動は、子どもが自主的、実践的に取り組む領域と位置づけられていることが挙げられる。基本的に教科では、教師が目標、教材、学習形態、評価の方法を決めることと比べると、子どもの自由度が高い。例えば、2017 年版小学校学習指導要領には、次のように特別活動の目標が記されている。

　　集団や社会の形成者としての見方・考え方を働かせ、様々な集団活動に自主的、実践的に取り組み、互いのよさや可能性を発揮しながら集団や自己の生活上の課題を解決することを通して、次のとおり資質・能力を育成することを目指す。
　（1）多様な他者と協働する様々な集団活動の意義や活動を行う上で必要となることについて理解し、行動の仕方を身に付けるようにする。
　（2）集団や自己の生活、人間関係の課題を見いだし、解決するために

話し合い、合意形成を図ったり、意思決定したりすることができるようにする。

　(3)　自主的、実践的な集団活動を通して身に付けたことを生かして、集団や社会における生活及び人間関係をよりよく形成するとともに、自己の生き方についての考えを深め、自己実現を図ろうとする態度を養う。

　自主的・実践的という言葉が繰り返され、実際の活動でも子どもたちは願いを出し、話し合いや意思決定を繰り返して活動していく（こうした経験が十分できない場合、特別活動は退屈なものになるだろう）。

　なお、小学校版・中学校版・高等学校版において、(1)(2)は全く同じである。つまり、初等教育から中等教育を通じて一貫した目標である。

　(3)は少しずつ異なっている。冒頭の「自主的、実践的な集団活動を通して身に付けたことを生かして」は共通しているが、その後に中学校版では、「集団や社会における生活及び人間関係をよりよく形成するとともに、人間としての生き方についての考えを深め、自己実現を図ろうとする態度を養う」と変化している（下線は引用者、以下同様）。同じく高校版では、「主体的に集団や社会に参画し、生活及び人間関係をよりよく形成するとともに、人間としての在り方生き方についての自覚を深め、自己実現を図ろうとする態度を養う」と変化している。

　2017・2018年版学習指導要領では、特別活動において育成を目指す資質・能力や、その育成のための学習過程について、人間関係形成、社会参画、自己実現の三つの視点で整理している。この三つが、目標にも関わり、育成する過程でも重要な意味をもつことについて、特別活動の方法原理が「なすことによって学ぶ」ことにあると説明されている[5]。

　三つの視点は相互に関わり合っており、明確に区別されるものではない。これは、具体的な活動の場面、例えば、学級活動の時間で「お楽しみ会」をすることに決め、その内容を考える際に、やりたいことが違う子とどう話し合うか、という場面を想像すると、人間関係形成、社会（ここでは学級集団）参画、自己実現の区別が容易でないことが理解できるだろう。

特別活動は、子どもたちが願いの実現や課題・問題解決のために自ら目標を立てるよう指導することが、教師の指導の目標に含まれているところに大きな特徴がある（目標の二重構造）。特に自治的な活動については「何をするのか」、「そもそもなぜ〇〇をするのか」という目標について合意形成が必要である。自らのもてる力を総動員して取り組む子どももいる一方、意義を見出せない子どももおり、トラブルになることもある。

　最初に話し合い、合意していても、真剣に話し合っていなかったり、やめたいと言う子が出たりして、目標から立て直すこともある。達成感、失望等の揺れも大きい。だからこそ、自分に影響を与えたという実感を伴うのだろう。

　以下では、特別活動の各活動・行事（学級活動・HR活動、児童会活動・生徒会活動、クラブ活動、学校行事）の中で、特に生徒指導との関係で重要なものを取り上げて、指導の留意点を述べていきたい。

3　特別活動の各活動・行事と生徒指導

（1）学級活動の内容と生徒指導

　学級活動は他の活動や行事を進める上でも根幹をなし、その内容も多岐にわたる。例えば小学校学習指導要領では、学級活動の内容が以下のように示されている。

　　（1）学級や学校における生活づくりへの参画（ア　学級や学校における生活上の諸問題の解決、イ　学級内の組織づくりや役割の自覚、ウ　学校における多様な集団の生活の向上）
　　（2）日常の生活や学習への適応と自己の成長及び健康安全（ア　基本的な生活習慣の形成、イ　よりよい人間関係の形成、ウ　心身ともに健康で安全な生活態度の形成、エ　食育の観点を踏まえた学校給食と望ましい食習慣の形成）
　　（3）一人一人のキャリア形成と自己実現（ア　現在や将来に希望や目標をもって生きる意欲や態度の形成、イ　社会参画意識の醸成や働く

ことの意義の理解、ウ　主体的な学習態度の形成と学校図書館等の活用）

特別活動のどの活動も自主的、実践的に取り組むものだが、学級活動・HR活動の（1）と、児童会・生徒会活動、クラブ活動は特に自発的、自治的な活動という特質がある。学級活動は小学校低学年から取り組まれるものであり、また中学年以上になってからも最も長い時間を過ごす学級内の生活に関わるものであり、自発的、自治的な活動の基礎となる。なお、特別活動の目標から言えば、他の活動・行事も、自発的・自治的であることが望ましく、それを保障していくような学校体制をつくることが求められる。

先にも述べたように、学級活動・HR活動は週1単位時間が割り当てられており、計画的にこの時間を使うことができる。学級経営とも密接に関わる。年度始めの内容や、年間計画（例えば、学年全体、他学年ともかかわりのある活動・行事等）を考慮しながら、子どもたちが自主的・自治的に取り組む力を養う計画性が求められる。他の教師・専門家（生徒指導担当、栄養教諭、養護教諭、校医等）との連携も不可欠である。

（2）教師の計画的指導と子どもの自発的・自治的取組

長期の活動・行事予定などを考慮して、見通しをもった活動をしていくことは、特に小学校低学年の子どもたちにはなかなか難しいこともある。しかし、教師が全ての活動の計画を立て、そのとおりにさせる指導では特別活動の目標から離れてしまう。子どもたちの発達段階だけでなく、それまでの話し合いや活動の経験によって、教師のかかわりも変わってくる。

特に、子どもたちが新しい学校で異文化に出会う入学時には、学校でどのようなルールがあり、この学級・HRで何を大事にしようと教師が考えているのかを理解してもらう必要がある。基本的人権を守るためのルールを説明し、いじめや暴力は許さないこと、もちろん教師も子どもに対して暴力を振るわないことを約束し、心配される事案があれば迅速に対処していくことを子どもにも保護者にも最初に示しておく。

その上で、最初は教師から方針を出すが、子どもたちで学級・学校の現

住のルール、活動の進め方、活動内容について、学級会や児童会・生徒会で話し合い、生活がより充実するように合意形成し決めていけることなどを伝えておく。その後、教師の側からいくつかの活動などを提案し経験してもらった上で、こんなことをやってみたい、こんな学級・学校にしたいという見通しと願いが出てくるように関わっていく必要がある。

（3）学級開きの重要性

　学年で最初の学級活動（学級開き）の重要性について理解を深めるために、一つ事例を紹介しよう⁽⁶⁾。京都の小学校教師であった西條は、新しい担任として5年生の子どもたちに出会い、始業式に小さな紙を渡した。「今思っていることや言いたいことや聞きたいことを書いてほしい、もちろん何を書いてもいい」。すると翔太君が「ほんまに何書いてもいいんか？」としつこく聞いて、次のように書いた。

　今、目の前に　へんなじじいがいる

　西條は、一瞬どきっとした。でも、五十代半ばの先生が子どもと一緒に笑ったり走ったりしているのは変かもなあ、まいった、と受け止めた。

　その後、他の子の作品と同じように翔太君の詩もみんなに紹介した。すると「そんなこと書くなよ」と、反応が冷たいのである。翔太君は身辺整理が苦手で、忘れ物も多い上に、コミュニケーションがへたで、友だち関係がぎこちなかった。そういう中で、この詩も冷たくはじかれてしまったのである。

　西條は「本当に思ったとおり書いたのだからいいのです」と言い、次の日、文集第1号に載せた。すると、他の子たちは、「書いた翔太も翔太なら、それを載せる先生も先生だ」という雰囲気だった。

　ここで西條は、それはちょっと違う、と感じて、翔太君の席に近づきながら、「今、変なじじいかもしれない。でもこれが来年の3月にはどうなっているやろうね。楽しくやっていこうな」と握手した。

　これは、他の子に対するメッセージもこめた握手である。あのようなことを書いた翔太君も、ほかの子と同じように、新しい担任とうまくやって

いけるといいなあ、と思っている。その気持ちを受け止めて、今までクラスになじめなかった翔太君に、先生が他のみんなに対してと同じように、仲良くやっていこうと挨拶をする。すると、見ていた子どもたちの中で、翔太君への視線、学級に対するイメージが変わり、新しい風が吹くかもしれない。ただ、その意図が前面に出ると、子どもは白けてしまう。そうではなく、自然に、「この一年、何か楽しいことがおこるかもしれない」と思える出会いを大切にしたのである。

　どんな子でも自分の本音を表現したときに、きちんと受け止める、そういう信頼関係を初日から形成することは重要である。こんなこと言っていいんだ、という安心の中で、子どもたちは、今までにもっていた「これは悪いこと」「こんなこと書いたらダメ」という「タテマエ」からラクになっていく。本音を見つめずにダメだと思いこんでいた自分を見つめ直し、友達も見つめ直すのである。

　この後、翔太君は植物が好きだということがわかった西條は、彼が持ってきたスイートピーの種を、教室の窓際で育てることにした。学校の花壇ではなく、教室の中で育てることで、翔太君も日常的に世話をしやすくなり、他の子どもたちも彼のそんな姿を見る機会が増えた。翔太君は植物係になり、一生懸命育てる中で、徐々に友だちができていったという。

　このような事例から、学級開きで教師と子どもとの最初の人間関係を築き、子ども同士の関係をつかみ、係活動を通じて関係がよりよいものになるように働きかけていくことが、生徒指導上重要であることがわかる。

（4）互いのよさや可能性を発揮できるような係活動

　上記の事例からもわかるように教師の指導から子どもの自発的・自治的取組を促す方法として、係活動は重要である。年度の始めには最低限の係を決めておき、小学校であれば、「朝の会にもっと歌を歌いたい」、「かぶと虫を持ってきた」と声が挙がったときに、「『歌係』をつくろうか」、「かぶと虫係をつくろうか」と、広げていくのである。

　自分たちで始めた係の仕事を忘れている場合、そのままにしておかず、きちんと指導をする必要がある。仕事をして周囲に喜ばれることは、キャリア形成と自己実現としても重要であり、夢や目標をもって生きる意欲の

形成につながっていく。

　学級になじめない子がいるときには、日記指導や普段の会話の中からその子の好きなもの、得意なものを見つけ、係と結び付けることも一つの方法である。植物が好きなら教師が教室に鉢植えを持ち込んでもいいし、理科が得意な子なら「理科係」をつくってもいい。好きな係を通じて友達にもなりやすくなる。こうした係活動を通じて、子ども同士がよさを認めあう機会をつくることは、子ども自身が自らのよさや成長を認識できる機会ともなり、生徒指導上重要な役割を果たす。

　このように、見通しをもって環境を整え、自発的・自治的な取組になるよう指導することが重要である。お互いのよさや可能性の認識につながり、人間関係が形成され、いじめや排除の防止につながっていく。

（5）自発的・自治的な取組の中で

　学級生活上の問題についていきなり話し合うことはなかなか難しい。まずは楽しいことで話し合って決める経験を積み重ねることが重要である。

　正式なクラブ活動とは別に、学級内のクラブ活動を楽しむのもよい方法である。学級クラブとは、3人以上でクラブ成立、入りたい人は誰でも入れる（排除しない）、お金をかけない、ずっと続けてもいいしすぐにやめてもいい、というルールのクラブである。子どもが学級生活に慣れた頃から、授業が少し早く終わる曜日に、無理をせず行う。保護者にも「月2回〇曜日は学級クラブをします。このクラブの意義は……」と具体的に伝えておくとスムーズに始めやすい。それほど回数が多くなくとも、子どもたちは、休み時間に話し合ったり、持ってくるものを決めたりする中で、少し先の活動を展望して、自発的、自治的に取り組むことができていく。

　学級の中で文化祭を企画することもある。学校全体の取組ではないため、自由度が高く、内容も学級の子どもたちに合ったものを考えることができる[7]。この時に、例えば高学年以上であれば、アイドル、YouTuber、ゲームなど学校では「正当」な文化としてあまり語られないものに強い関心を寄せる子どももいれば、男女平等、過労死、感染症を通じてみる差別問題など、厳しい現実に関心がある子どももいるだろう。最初はお互いに「変なことにこだわっている」と思っていても、主体的な探究を行いその成

果を発表する中で、お互いが親しんでいる文化について交流することがで
き、お互いのよさを認識するきっかけになる。

（6）基本的な生活習慣の形成と生徒指導

　新型肺炎 COVID-19 の感染拡大防止のため、手洗い指導は従来以上に
重視されている。「〜の後（前）には手を洗おう」という指導は幼児期から
繰り返し行われているが、その重要性の理解を深めていく必要がある。

　幼児期には、手にスタンプを押し消えるまで洗う、などの方法も用いら
れるが、手洗いの重要性を子どもが深く理解できる指導のほうが望ましい。
小学校であれば、例えば生活科、理科とも結び付け、手の菌やウイルスが
どのくらいのスピードで増えるのかを映像で見て具体的に理解するような
工夫が必要であろう。言われたからやるのではなく、わかることによって
行動が変わっていくように指導する必要がある。

　学校生活では教師の目が届かないところで事故が起こりやすいため、事
故防止のための学校のルールをよく理解し、行動できるよう指導する必要
がある。もちろん、現状に合わないルール、根拠がわからないルール、特
定の子どもに不利益なルールについては、吟味して変えていく取組も欠か
せない。理不尽なルールでも守らなくてはいけない、という学級や学校で
は、子どもたちが他者を排除するような仲間内の「ルール」をつくり、い
じめが生じた場合でも、徹底的に話し合うことが難しい。自分にはよくて
も、他の人にとってはどうか、という想像力を働かせながら、お互いのよ
さや可能性を発揮できるようなルールづくりをしていく必要がある。

（7）給食指導と生徒指導

　学校給食は、生きる権利、育つ権利（子どもの権利条約第 6 条）を保障
するために欠かせない。給食がない長期休みに、貧困や虐待等で十分食事
をとれず痩せる子どもがおり、子どもの命をつなぐ役割も担っている。

　給食は教育の一環（食育）としても期待されている。栄養教諭との連携
で、衛生等の安全管理に必要な指導だけではなく、食材、調理法、栄養な
ども指導し、教育課程の他の領域（例えば、食材から生活科・社会科や総
合的な学習の時間へ、調理・栄養から理科・家庭科へ、等）の学びへと広
げることもできる。学校外・卒業後の食に関わる行動にも影響を与えるた

め、視野の広さと長期の見通しをもった指導が必要である。

　給食が楽しみで登校する子どももいる。「給食のメニュー紹介係」をつくったクラスもある。給食は単なる栄養補給の時間ではなく、1日のリズムを生み出す。季節、行事メニューもあり、1年の流れにも彩を添えている。

　一方、給食の時間がこわい、という子どもも少なからず存在する。2016年にも、低学年の子どもが偏食をなくすために給食を残さず食べるように言われ、4人が計8回嘔吐するに至ることがあった[8]。食事が苦痛になるような強制は厳に慎まなければならない。

　アレルギー等の疾患がなくとも、食べられる量や種類が少ない子どもは存在する。少食、偏食は本人の努力や家庭のしつけで解決できない場合もあり、専門的な知見に基づいた指導が求められる。子どもたちも、残さず食べたほうがよいことはわかっているため、一般論に基づく助言ではかえってつらさが増すこともある。発達障害のある子どもの場合、感覚過敏、食品の見た目の変化などさまざまな原因があり、それらを理解した上で無理なく指導していく必要がある[9]。生きる根源に関わる内容であるからこそ、多様な子どもたちがお互いを理解し、みんなと一緒に安心して、楽しく食事をしていくための工夫が求められる。

　盛りつけの工夫や食事のマナーなども、厳しい雰囲気の中で行うのではなく、「レストランみたい！」というように、楽しい雰囲気で指導することが求められる。ランチルーム等の環境整備が求められる。

4　クラブ活動

　小学校においては第4学年以上の児童によって組織するクラブ活動が特別活動に位置づけられている。担任教師の指導を離れて行う活動になることが多く、複数の大人の目で子どもを理解するよい機会でもあり、連携が重要になる。小学校学習指導要領では、クラブ活動の内容として、クラブの組織づくりとクラブ活動の計画や運営、クラブを楽しむ活動、クラブの成果の発表が示されている。つまり、クラブを楽しむ活動や発表だけでな

く、その組織・計画・運営も内容に含まれている。

　クラブ活動は、異年齢の子どもたちの、同好の（「これをやりたい」と考えて）参加してくる子どもたちによる活動である。確立された文化（スポーツを含む）・芸術の領域でなくとも、クラブは成立する。例えば「ボール遊びクラブ」のようにボールを使って遊ぶという方向性だけ決めて、その後は、サッカーのように競技としてなじみのあるものをアレンジしたり、ボッチャなど新しいものに取り組んだり、全く独自のボール遊びを考えたりと、自由に取り組むことも楽しい。

　組織・計画・運営のような「裏方」仕事も、その必要性を理解して取り組みやすい。こうした取組は、社会を支える見えにくい仕事を想像・理解したり、ボランタリーな活動に参加したりすることにつながっていく。

　なお、クラブ活動に時間数の規定がないため、週に複数回クラブ活動を行う学校もある。子どもたちからもっと活動したいという希望が出てくることもあるが、生活全体のバランスを考え、時には保護者も交えて、学校教育における意義を確認していく必要がある。過剰な取組は教師と子どもの多忙化につながり、望ましくない。

　なお、現在、中高の学習指導要領では、教育課程内のクラブ活動の記載はない。部活動について、「スポーツや文化、科学等に親しませ、学習意欲の向上や責任感、連帯感の涵養等、学校教育が目指す資質・能力の育成に資するものであり、学校教育の一環として、教育課程との関連が図られるよう留意すること」との記載がある。部活動は自治育成の場でもあり、特別活動の目標との関連が深い。神谷は、部活動の内容として自治を重視し、練習・試合等だけでなく、組織・集団、場・環境について、子どもたちに少しずつ委ねることを提案している[10]。文化的・芸術的生活への参加の権利（子どもの権利条約第 31 条）の観点からも、役割は大きい。

　一方、教師の超過勤務の解消は急務であり、子どもも十分に休むことができず心身の不調に至ることもある。学校教育として適切な活動を求める必要がある。

　地域の協力、社会教育施設や社会教育関係団体等の各種団体との連携などの運営上の工夫を行うことの重要性は以前より指摘されていたが、特に

2017・2018年版学習指導要領においては、持続可能な運営体制を整えることに力点が置かれている。その前提として、関係者に学校教育の一環としての部活動の意義を理解してもらう必要があるだろう。

5　児童会・生徒会活動

　児童会・生徒会活動は、小学校4年生以上の子どもたちが学校における自分たちの生活の充実・発展・改善・向上を目指して行う、自発的・自治的活動である。学級活動とのかかわりも深く、例えば、学級で話し合って要求を出し児童会・生徒会にもっていき、学校を変えていくこともあれば、学級で経験した話し合い、合意形成、意思決定、実行というプロセスが児童会・生徒会の活動に生かされるということもある。

　学校行事への協力、地域の活動への参加など、多くの人とかかわり責任を担うことも期待され、実際に取り組まれている。例えば、気仙沼市のある中学校では、東日本大震災で、学校だけの防災教育では命を守れないと考え、地域で防災教育推進委員会を立ち上げた。

　地域の防災訓練を授業日とし、生徒全員で参加し、その日の午後に校内で避難所の設営訓練をしている。2017年から、生徒会の防災委員会が主体となって避難所設営マニュアルを作成し、地域にも配り、もし教職員や生徒がいないときに災害が起きた場合にも学校で避難所が設営できるようにしている(11)。

6　学校行事と生徒指導

　学校行事は、学級内での取組に比べると規模も大きく、年度始めに日程も決まっていることが多い。前項のように、地域との連携がある場合は特に綿密な計画が求められる。子どもの参加を重視する場合、子どもが前年度から意見を出し、計画を進めていく必要があり、児童会・生徒会等との連携が不可欠である。そうした工夫がなされないと、子どもたちは行事を「やらされている」感覚になる。一方、企画から運営まで子どもが責任を

もって進める場合、自発的・自治的取組として子どもたちの中でも大きな位置を占め、学校生活の一つの軸や節目となっていく。

　ここでは高校の事例に注目しよう。長野県須坂高校では、文化祭の一環として、巨大な龍を例年作ってきた[(12)]。教師は実際の作業、話し合いにはほとんど関わらない。頭、首、胴体、前脚、後脚、玉等の各パートを縦割りグループで分担する。文化祭の初日にパートを合体させ、大勢でロープを引いて龍を立て、文化祭が始まる。文化祭の最終日に、龍を引き倒し、解体する。ほんの数日の間、龍を存在させるために、彼らは前年度の秋には龍についての話し合いを始め、リーダーを決め、役割分担を行い、2月から作業を始めて、6月末の文化祭を迎える。つまり、年度をまたぎ、半年以上をかけて取り組んでいる。

　受験勉強や部活動が最後の大会と重なる中、少人数では決して完成させることのできないプロジェクトに取り組む高校生たちは苦悩する。人手が足りない、参加を呼びかけてもみんなうつむくばかり、手伝いに行っても雰囲気が悪い、もし失敗したら……等、悩みは尽きない。お互いの思いが違う中で、しかし文化祭の成功に向けて、それぞれに役割をもち、責任を果たし、尽力していく。一人では実現できない大きな行事の中で、人間関係形成、自己実現だけでなく、社会参画に向けた学びが起こる。

　なお、こうした自治の側面が強い行事の際にも心身の不調に至るまで行事を優先しようと無理をすることがある。参加・不参加の把握は部活動以上に難しく、事故やケガには細心の注意が必要である。

7　話し合いにおける揺れと生徒指導

　最後に、話し合いにおける子どもたちの揺れについて述べておきたい。特別活動では集団における合意形成・意思決定が重要な役割を果たす。子どもたちが真剣にその活動について考えていれば、多様な意見が出される。しかし、発言するには勇気が必要だ。「意見があるならはっきり言いなさい」という指導では、子どもたちの揺れをつかむことができない。

　小学校6年生の事例を通じて考えてみよう[(13)]。2学期、行事が目白押し

ボタン　　小6　まり
「十月二十日に地区の音楽会に
参加します」
K先生が言った

お客さんを感動させることが
　　できるかな
心配した

「なんか不満の人いる？」
この状況でこの心配を言ったら
私だけが反対してるみたいで
　　なんか嫌だ

言うか言うまいか

とれそうなボタンのように
　　私の心が
　　　　ゆれる

のところへ、区の音楽会への参加を検討することになり、集会を開いた。先生の投げかけに多くの賛成意見が出され、まりさんは「出たいけれど、できるかどうか心配だ」という内容の発言をしたが、他の意見にかき消されるような状況だった。その時の思いを、まりさんが詩に書いた。

担任は、この詩を国語の授業で読んだ（もちろん、まりさんの承諾を得ている。たとえ学級経営や特別活動上よい効果が得られそうだと考えても、子どもの了承なく読んではいけない）。子どもたちから共感の声が挙がった。

このように、子どもの揺れる気持ちを受け止め、共有していく取組は重要である。Yes か No かではない自分の考えをわかってほしい気持ちとわかってもらえるだろうかという不安を、教師一人が理解するのではなく、子どもたちも共有することで、発言者への共感的理解、一つひとつの意見を深く理解しようとする姿勢へとつながっていく。

集団での実践的な活動に向けた話し合いが、子どもたちに「言っても伝わらない」、「変わらない」というあきらめを学習させる場になるのでは、生徒指導の目標からも、特別活動の目標からも遠ざかってしまう。うまく伝わらないときにも、司会やリーダー、周りの子どもたちが、「〇〇さんが言っていることは〜ということではないでしょうか」と助け、お互いの意見を深められるような話し合いが求められる。

積極的な特別活動が展開されていくためには深い子ども理解と相互の信

頼関係を前提とした生徒指導の充実が不可欠であり、特別活動と生徒指導の双方の充実が求められている。

［注］

1　『小学校学習指導要領解説特別活動編』2017 年、p.24
2　なお、特別活動は総合的な学習の時間との連携が推奨されており、職場体験などは総合的な学習の時間の一環として行われることもある。
3　『生徒指導提要』文部科学省、2010 年、p.1
4　小・中学校における学級活動に当たるものが高校におけるホームルーム活動（以下 HR 活動と略）である。高等学校学習指導要領第 1 章 2 に、全日制課程で年間 35 単位時間以上（定時制課程で特別の事情がある場合には時数減も可）、通信制課程で年間 30 単位時間以上と記されている。
5　例えば、『小学校学習指導要領解説特別活動編』2017 年、p.12
6　西條昭男『心ってこんなに動くんだ─子どもの詩の豊かさ─』新日本出版社、2006 年、pp.3-8
7　浅野誠『学校を変える　学級を変える』青木書店、1996 年
8　『朝日新聞』デジタル、2017 年 9 月 26 日付
　　https://digital.asahi.com/articles/ASK9V36JNK9VOHGB003.html（2020/6/1 確認）
9　藤井葉子編著『発達障害児の偏食改善マニュアル─食べられるってうれしいね　食べられないが食べられるに変わる実践─』中央法規、2019 年
10　神谷拓『生徒が自分たちで強くなる部活動指導』明治図書、2016 年
11　安部晃司「東日本大震災では生徒主導で避難所を設営　地域と協力し、被災経験を後世に伝える」『総合教育技術』2020 年 6 月、pp.34-37
12　NHK 人間ドキュメント「天突く龍をつくれ」2006 年 9 月 8 日放映。学校のウェブサイトでも文化祭が紹介されている。
13　川地亜弥子「本音で語りあうこと、子どもと保護者を受けとめ励ますことから生まれる生活と表現─太田一徹さんの実践」『作文と教育』2011 年 7 月

III　生徒指導と学級経営

1　生徒指導の〈場〉としての学級

　生徒指導は、『生徒指導提要』に依拠すれば「一人一人の児童生徒の人格を尊重し、個性の伸長を図りながら、社会的資質や行動力を高めることを目指して行われる教育活動のこと」である[(1)]。今日、子どもたちに自律した個人としての生き方を育てていく働きかけは、キャリア教育としても概念化されるものであるが、これに重なる形で学校における人間形成を促すものが、学習指導と生徒指導の両面から構成される総合的な教育作用であると考えることができる。

　この教育的営為の根本に及ぶ生徒指導概念のルーツは生活指導にある。生活指導については、宮坂哲文の緒論が今日なお傾聴すべき普遍的本質を指摘しているものと思われる。宮坂は次のように言う[(2)]。

> 　「生活指導というしごとは、ひとりひとりの子どもがそれぞれに、その日常生活のあらゆる領域にわたって現実にいとなんでいるものの見かた、感じかた、考えかた、行動のしかた、つまりは生きかたを理解し、そのような理解を児童各自ならびにかれら相互の間のものにしながら、ひとりひとりに即してその生きかたをより高い価値のものに引き上げていく教育上のはたらきとして規定されよう」

　このように、児童生徒一人一人の主観的現実認識に寄り添いながら、その在りようをより高い価値のある人格へと引き上げていく営みとして生徒指導を理解したとき、そのような生徒指導が学校において展開される〈場〉、

すなわち、「場面」や「時間」や「舞台」として学級が重要なものとなる。日本では、明治の初めに近代学校制度が導入されて以来、100年近く学級担任制が学校の教育組織の基盤とされてきた。そして、その学級を経営する、あるいは学級教育を展開するという営みを核として、宮坂のいうような生活指導（生徒指導）が考えられてきた。

　学級経営は、普通に教職に就けば誰もが一度は経験する職務である。教科担任制の中学校、高等学校であっても、担任している生徒や保護者とのかかわりが特に密接になることから、教員にとっては少なからず重要な教職アイデンティティのよりどころとなるものであり、関心も高い。その一方で、近代学校制度成立以来ほとんど変わることなく継続してきた学級制度については、今日、改めてその在りようが問われてもいる。

　本節では、生徒指導にとって重要な〈場〉である学級に目を向けた上で、生徒指導と学級経営の関係を捉え、学級経営の今日的課題と学級担任の新たな職務や役割について考えたい。

2　学級経営とは何か

（1）学級担任の仕事

　まず、学級担任の職務に目を向けておきたい。学級担任は忙しい。学級担任の仕事だと思われている事柄は非常に多岐にわたり、教員の多忙を後押ししてもいる。例えば、学級担任の職務を整理した天笠茂は、次のような七つの職務領域が考えられるとまとめている[3]。

①児童生徒の意識や行動を観察して理解すること。

②学級生活を企画・立案すること：学級目標の設定、学級経営計画の策定、学級行事の企画立案など。

③学級の組織化を進め、学級風土の形成を図ること：班編成、座席決定、係活動の運営、学級会や朝の会、帰りの会の運営など。

④児童生徒をはじめ父母とのコミュニケーションを図ること：学級保護者会の運営、学級通信の発行など。

⑤教室の物理的環境を整備し、**学級事務**を処理すること：机の配置、壁面活用計画、指導要録、出席簿、健康診断票、通知表の作成、学級会計の処理、成績評価、作品の処理及び評価など。

⑥機に応じて問題の解決を図ること：けんか等のトラブル処理、学校事故への対応、問題行動の指導など。

⑦学級経営を診断し評価すること。

上記の例示の他にも給食費の徴収や、日々の提出物のチェック、教室掲示物の準備や掲示、学級文庫の整備と管理などのように、さまざまな具体的職務がこれらの中に含まれる。しかし、今日では学級担任が担うべきか否かが議論となるような職務も少なくない。何をどこまで学級担任自身の職務と考えるかは個人によっても異なり、どこまでが学級経営として不可欠なのかを一律に決めることは困難である。ここが、学級経営論が学問体系としてではなく、実践の蓄積として議論されてきたゆえんでもある。

とはいえ、何の原則も方向性もなく担任に任されているわけではない。学級経営においては、少なくとも教室環境を整え、幅広く学習へ向けた条件整備を行い、計画的な学級教育活動を進めていくことが求められている。また、その際には、学級に所属する全ての児童生徒の健康と安全と学習を保障することや、そのために、学級内のコミュニケーションの在りように目を向け、積極的に関与しながら学級内情報の交通整理をすることなどが期待されている[4]。どこまでが学級担任の職務範囲なのかの判断のゆれは、学級の実態に即した「学習のための条件整備」や「学級内情報の交通整理」に対する担任教員自身の必要性認識によるとみることができる。

（2）条件整備作用としての学級経営

ただ、このような学級担任の仕事の在り方の背景には、日本特有の学級経営観があると考える必要もある。そもそも学級経営とは何かについて、学級がどのような〈場〉であるのかを理解するところから考えよう。学級とは、多数の児童生徒を年齢や学習内容によって括り編成する集団である。制度的には、学校の教育活動を効率的に進めるための仕組みであり、近代学校制度成立の歴史的な過程で構造的につくられてきたものである。

　歴史をひも解けば、日本での学級経営という語の初出は澤正による『学級経営』の出版（1912年）[5]であるといわれている。高橋克己によれば、その5年前の1907年に米国でBagley,W.C.が"Classroom Management:Its Principles and Technique"という書籍を出版しているが、そこでは効率良く集団の学習が進行するように秩序を維持し条件を整える担任の仕事が学級経営（Classroom Management）であるとされているそうである。「例えば、教室の秩序が乱れないようにしたり、遅刻や欠席を最小にしたり、物的施設を適切に管理したり、教室内の衛生状態を整えたり、あるいは子どもを授業に集中させるようにしたり、部分的に個別教授を取り入れたりすることによって、授業の効率低下をもたらす要因を排除し、学級という集団に対する一斉教授をできる限り効率的に行おうとする営み、すなわち条件整備こそ、バグリーのいう学級経営であった」[6]

　もちろん、日本でも学級担任はBagley,W.C.が言うような役割を担っている。しかし、日本の学級経営は単に効率的に管理するための条件整備作用ではなく、生活共同体づくりを志向するような文化を連綿と有してきた[7]。それは、江戸から明治への転換期に、西洋から輸入された「よそ者の制度」がどのようにして人々の生活の中に浸透・定着していったのかを考えるとわかりやすい。学級担任はさまざまな活動を工夫して取り入れながら、子どもたちにとって学級を通う価値のある〈場〉としていったのである。学級誕生会の開催や学級ポストの設置、学級歌の創作など、大正時代に生活綴り方運動と共に各地で実践が拡大したさまざまな学級文化活動を含めた取組が、全体として生活共同体的な学級のイメージを形づくってきた[8]。

（3）日本的学級経営観の特色─「集団づくり」志向

　日本における学級集団は、その制度成立の早い時期から学習の効率化と共に生活共同体的な価値観に基づく訓育的側面が重視されてきた。学級経営は、「きちんと学習が進行するように児童生徒を管理すること」だが、それだけでは学級は集団として機能しない。このことは多くの学級崩壊事例が語ってきたことでもある。担任による一元的な管理・統制では学級集団は育っていかない。他方で、児童生徒の自主性に任せ、主体的な秩序や規

律が育つことを待つだけでは、やはり学級集団は育たない。だからこそ、学級担任が集団活動を企画・立案し、望ましい集団像を掲げながら、児童生徒が主体的にそのような集団像を獲得していくことを目指す学級経営が希求される。学級担任は、学級を〈場〉として子どもたちが学ぶために、集団をつくることを意識し、ここに意を砕かなければならない。

　河村茂雄は、日本の教員が望ましいと考える学級集団の状態を5点に要約した。それは、①自由で温かな雰囲気がありながら、集団としての規律があり、規則正しい集団生活が送れている、②いじめがなく、全ての子どもが学級生活・活動を楽しみ、学級内に親和的で支持的な人間関係が確立している、③全ての子どもが意欲的に、自主的に学習や学級の諸々の活動に取り組んでいる、④子ども同士の間で学び合いが生まれている、⑤学級内の生活や活動に子どもたちの自治が確立している、である[9]。

　ここからも、多くの教員が規律とルールのみではなく、人と人がつながり合い、切磋琢磨することで質的に向上していく集団像を描いていることがうかがわれる。班づくり・核づくりの学級経営論や、支持的風土論、学級会議を核とする学級経営論など、これまでに数多くの学級経営論が紹介され、広く実践されてきているが、これらもさまざまな形で集団づくりを意識し、個と集団の双方が質的に高まっていくことを目指した取組を志向してきた。まさに、「学級経営とは、集団づくりとも呼びうる営みを通して豊かな人間性・社会性を育む教科外の指導であり、そのことが結果的に教育指導を成り立たせるための条件整備としても機能する」ものであるといえるのである[10]。

3　学級を〈場〉として生徒指導を展開する

　では、このような学級経営は生徒指導とどのように関わり合うのであろうか。学級が生徒指導の〈場〉となるとするならば、生徒指導という観点からどのような学級経営が課題とされるべきか、このことを考えてみたい。

（1）望ましい社会的資質や行動力の伸長

　その第1は、生徒指導が目指す「望ましい社会的資質の伸長」のための

活動である。安井一郎は、いじめや不登校、学級崩壊、学びからの逃避などの今日的な学校教育の諸問題を、「人間関係の希薄化、集団離れなど社会的存在としての人間性の根幹にかかわる現象」として捉え、以下のように述べている[11]。

「学校における子どもたちの生活の内容（遊び、仕事、学習等）は、雑多な情報の氾濫と間接経験の増大による生活経験の変質のなかで実質となるべき基盤をもたず、皮相的、流動的、刹那的で、しかも個々ばらばらに分断され、それぞれの内容が他との必然的な関わりを失って孤立的に存在している。このような状況のもとで、自由な生活の場としての学校の再建という課題は、学校生活の一部の手直しに留まることなく、子どもたち自身の手による統合的な学校生活の創造─『生活づくり』─として捉えられることが必要である」

これらの課題は、特別活動場面で意識される必要がある。学級活動や児童会・生徒会活動、クラブ活動、学校行事等の機会を捉えた教育活動の意図的、計画的実施が求められる。学級では、学習指導要領が示す特別活動の目標のもと、学級活動を計画的に実践していくことになる。学級活動は、「学級や学校での生活をよりよくするための課題を見いだし、解決するために話し合い、合意形成し、役割を分担して協力して実践したり、学級での話合いを生かして自己の課題の解決及び将来の生き方を描くために意思決定して実践したりすることに、自主的、実践的に取り組むことを通して、第1の目標に掲げる資質・能力を育成する」ことを目標としている[12]。

学級担任は、児童・生徒がこの学級活動において、自分たちの学校生活の質を向上させていくための課題を発見し、その課題解決のための方法を考え、話し合いによって学級メンバー間の合意をとりながら、自律的・主体的に集団のために行動するという一連の経験を、学びあるものとしなければならない。しかし、ここにはある種の論理矛盾が潜んでいる。

学級活動は、児童・生徒が自らの生活に関心を向け、自主的に課題を発見し、解決に向けて行動することが不可欠な条件となる。教師に強制されたり、促されるままにあるいは大人からの評価を意識して、期待される望ましい行動を期待どおり履行したりする形での取組になってしまったので

はその目的を達成することはできない。「教えたとおりに行動する」ことからは「自主的に学ぶ」ことを身につけることはできない。

　だからこそ、学級担任は集団活動や話し合い活動の中身を教えるのではなく、子どもたちが自主的に中身を創造していくように〈場〉を整えることが重要になる。課題がみえるように環境を整え、手続きを教え、子ども同士の相互行為の在りようを慎重に把握しながら、裏方に徹するような学級活動の展開が必要となる。そのために、正しく情報を伝達したり議論したりするだけではなく、対話による話し合いから相互に関心をもち合う関係をつくっていくような学級活動も経験させたい。学級担任自身が多様なコミュニケーション・スキルを獲得しておくことも重要となるであろう。

（2）一人一人の人格を尊重し個性を伸長する

　学級において、学級担任が子どもたちの生活環境を整え、多面的な学びを支援するために重要なことのもう一つは、一人一人の人格を尊重し、個々の子どもに即して個性を伸長することである。むしろ、このことは社会的資質を育てること以前に不可欠であるとも考えられる。この点に関連してもう少し学習指導要領を見ておこう。小学校学習指導要領では学級経営という語が2カ所で使われている。それぞれ次の部分である。

　「学習や生活の基盤として、教師と児童との信頼関係及び児童相互のよりよい人間関係を育てるため、日頃から学級経営の充実を図ること」（総則第4-1、⑴）。「学級活動における児童の自発的、自治的な活動を中心として、各活動と学校行事を相互に関連付けながら、個々の児童についての理解を深め、教師と児童、児童相互の信頼関係を育み、学級経営の充実を図ること。その際、特に、いじめの未然防止等を含めた生徒指導との関連を図るようにすること」（第6章特別活動第3-1、⑶）。

　ここで使用されている学級経営の概念は、集団のメンバーである児童生徒が、担任教員も含めて相互に思いやり、支え合えるような良好な人間関係を構築するための働きかけとして捉えることができる。ここから、教員が児童生徒一人一人に即して個性の伸長を促すだけではなく、子ども同士の関わり合いの中で誰もが個を認められ、その存在を保障されることで個性を伸長していくような〈場〉として学級が想定されていることがわかる。

学級担任は、そのような〈場〉をつくる営みとして学級経営を充実させることが求められているのである。

　発達の過程で、子どもたちが他者を意識する仕方は多様に変遷する。今日ではスクール・カーストとも言われるような相互評価の中での自然発生的序列関係が公然と幅を利かせている学級も珍しくない。これまでの研究の中では、教員も無意識のうちにこうした教室内の序列に加担し、むしろ序列間の力関係を助長しているという見解もある⁽¹³⁾。

　教員は、子どもたちの発達段階を理解し、どのような他者認識の仕方、自己呈示の仕方が学級内に生じているかについて、繊細な感度をもって把握に努めなければならない。そして、時に自らが学級内で特定の子どものみを頼りにしてしまっていないか、無意識に苦手意識をもっている子がいないかどうかなど振り返ることも必要である。

　学級内の人間関係に自らが与えている影響を意識し、学級全体の人間関係を俯瞰することから、全ての子どもの居場所を確保し、安心して伸びることができる環境を整えていくことが、一人一人を育てる生徒指導のために不可欠である。

4　Society5.0 の未来に向かう学級経営

　ここまで、学級を〈場〉とする生徒指導を展開するための学級担任の役割について考えてきた。学級経営は条件整備でもあるが、学級を〈場〉とする生徒指導実践でもある。そこで大切になる担任の役割を端的に言えば、一つは子どもたちに「集団」を教えることであり、もう一つは全ての人間がもつ「尊厳」を教え、それを率先して守ることである。

　ただ、冒頭に述べたように、学級制度自体は大枠が完成してから悠に100 年を経過しており、改めてその機能や意義を問い直す必要に迫られてもいる。実際に学校制度は一見、普遍的に継続していくようにみえながら、大きな転換期に差し掛かっており、今後の社会像をどのように描くのかによって、その在りようが大きく変容することも考えられる。学級担任の役割もおのずとこれに伴って変容を迫られるであろう。これからの学校や学

級の変容を見据えたときに、どのような学級経営課題を理解しておく必要があるのかについて、最後に考えておきたい。

（1）いじめ対策としての「学級廃止論」をこえて

　今後の学級の在り方について、一つの典型的な極論として内藤朝雄の学級廃止論がある。内藤は日本のいじめについて、学校の共同体主義イデオロギーが子どもたちの間に群生秩序をはびこらせる元凶になっていると述べる。その上で、学級制度を廃止することが、学校制度の大枠を変えずに比較的に容易に実行できる最もシンプルないじめ防止対策としての改革策であるという[14]。

　確かに日本の学級には、集団づくり志向ともいえる文化がある。この文化が個人よりも集団の利益を優先する価値意識を強化したり、児童生徒に皆と同じように行動し、集団に貢献できるか否かを評価基準とすることを強要したりするようになれば、子どもたちが学級集団の中で経験を通して学んでいくべき仲間関係を歪ませることにもなろう。ホンネとタテマエの二重構造の中で要領よく立ち回れる子どもは学校生活を謳歌し、要領の悪い子はつらくストレスフルな学校生活を送ることになるといった物語は珍しくない。思春期の子どもたちの多くは、こうした学級集団の在り方にリアリティを感じているかもしれない。

　しかし、だからといって学級制を廃止すれば問題は解決するだろうか。いじめが内藤のいうように人間が群れをつくって生きていくところに必ず発生する問題であるとするならば、その群れの秩序のつくり方を学ぶ〈場〉は必ず必要となる。一人一人が社会的な存在としての自己の人格を完成させていくための道筋を考えたときに、まず同年齢の友人と共に活動の目標を設定しつつ、同じような内容の経験、学習に取り組んでいく学級という集団は、重要な社会的経験の基礎単位であるといえるであろう。当然のことながら教員には、安易に学級を廃止するという発想ではなく、これまでの学級集団観に捉われずに新たな学習の〈場〉をデザインしていく発想と力量が求められよう。

　では、学級担任は学級をどのような〈場〉と考えていくべきなのだろうか。まず意識しなければならないのは、理想とする集団観の転換である。

この点について次に考えてみよう。

（2）緩やかな紐帯で広く支え合うコミュニティへ：社会的資質の育成

「規律と秩序がありながら温かで親密なまとまりのある集団」が理想的な学級集団のままで良いだろうか。この集団像自体を、これからの日本社会の在りようを見通しながら丁寧に捉え直していくことが必要である。

　内閣府では次世代の社会像を Society5.0 として描き、これに向けて社会システム全体を整えていくことを目指している[15]。教育行政分野でも、これに呼応して教育制度や内容、方法を開発し、改革していくことが目指されている[16]。この社会像の根本には、劇的な人口減少と高齢人口の増加問題がある。若年人口や労働人口を増やす努力だけでは現在の社会体制で経済活動を継続し、国民の生活水準を維持することが困難であるとの見通しのもとに、新しい社会体制への移行が進められている。

　Society5.0 は、サイバー空間とフィジカル空間の高度な融合により多様なモノやサービスの提供を実現し、経済的発展と社会的課題の解決を両立していくことを提案する。つまり、積極的に AI を導入し活用することで、さまざまな社会的障壁を解消し、快適で質の高い生活を保障しようと考えているのである。

　これに賛同するか否かは個人の自由である。しかし、次の時代を生きる子どもたちは確実にこの社会像の影響を受ける。ネット空間の中にある、同好の士が自主的に集うようなテーマ・コミュニティを軸として、今よりもはるかに間接的なコミュニケーションを駆使して人やモノとつながりながら生きていくことになるという予測はかなり明確であろう。そのコミュニティは、親密な人間関係によって支えられる古き良き地続きの生活共同体とは全く異質である。

　そう考えるならば、子どものうちに学校で学んでおかなければならない集団の形も、社会の変化に応じて変わっていかなければならない。それは、これまで以上に緩やかな紐帯によってつながる可変的な集団であり、学級という枠で括られた自分たちの集団の外へも閉ざされずに広がっていく広いネットワークである。目的を共有し、お互いに敬意をもちながら協力するけれども、一致団結するような堅い絆で結ばれることは期待しない。で

きないとき、やりたくないときにはそう言える。相互に干渉しないけれども困ったときには助け合える。自分の居場所となるグループの外にもコミュニケーション空間があり、活動や課題に応じてその都度、親密な関係を築くことができる……。

　学級担任それぞれが新たな集団を思い描き、それを担う人材に必要な資質・能力を考え、育てていくことが必要である。軽々「みんな仲良く協力しましょう」、「学級目標を達成するために一人一人がきちんと責任を果たしましょう」と言えばよかった時代は終わっていると考えなければならない。仲良く協力するというのはどのような姿なのか、一人一人が責任を果たしている状態とはどのような状態なのか、この点に踏み込んで考え、明確なイメージをもつことが課題となる。

（3）集団に貢献しない個の位置づけからインクルーシブな社会へ：
人間の尊厳としての個性の伸長

　もう一つ、学級担任が新しい学級の経営へ向けて意識すべき課題として、集団と個人の関係の捉え直しがある。従来の学級経営論では、個と集団の関係をどのように捉えるのかが常に議論となってきた。個を育てることで集団が育つ、集団を育てることが個を育てることにつながるなど、どちらが先かという議論もあれば、組織の自己組織性＝オートポイエーシスに着目する学級経営論では集団が一つの個となり、個が全体として集団となるといった関係的視点をもつ議論なども示されてきた[17]。

　ここでもう1歩踏み込んで意識したいことは、集団を構成する個人をどのような存在として捉える必要があるか、という部分である。従来の集団づくりを志向する学級経営論の中では、学級メンバーである個人は、集団全体の目的を共有し、目的達成のための活動に参加することを要求されてきた。その中で、個々の能力や適性に応じた役割を担い、責任を果たすという社会参加の仕方を学ぶのだと考えられてきた。

　しかし、これからの社会を見通した学級経営では、さまざまな理由で「役割を担わないメンバー」、「責任を果たすことができないメンバー」の存在にも目を向けていくことが必要である。集団を構成する個人は、必ずしも集団にとって有益な個人ばかりではない。「集団にとって有益な個人」

を育てていくことも担任の役割であるが、「表面的には貢献していないように見える個人」の存在も見落とさずに集団の中に位置づけ、育てていくことが生徒指導の目的となる。さらに、担任のみならず学級集団のメンバーそれぞれがそうできるような集団にすることが、学級経営の目的とならなければならない。

　例えば、学校経験を振り返ったときに、時々、授業に参加しにくる特別支援学級の級友だけ扱いが違っていた思い出はないだろうか。「発達障害」や「性同一性障害」という語が市民権を得、どの学級にも特別なニーズを抱える子どもたちが潜在的に存在することへ目が向けられるようになって久しい。しかし、インクルーシブ教育の名のもとに学級で共に学びながら、学級集団としての活動を展開する際には、それらの多様な子どもたちを除外することになるようなケースも少なくない。それは、学級の中に集団としてまとまった結果を出さなければならないという価値意識があるからである。このような価値意識は、ややもすれば一人一人の存在を集団への貢献や社会に対する有益性によって評価する社会観と連動する。

　Society5.0 が描く近未来の社会像は、AI の活用によって全ての人に優しいバリアフリー社会であるようにみえる。しかし、その裏では AI が多くの単純労働を奪い、人間の存在価値を高度に知的、情緒的な労働へと限定していくことも懸念される。全体的に縮小し、合理的で安全・清潔な社会の構築が目指されることによって、効率や秩序という社会的価値に貢献できない個人がコミュニティから排除されていく事態も起こりかねない。全ての人間に基本的人権があり、生存権が保障されていることをきちんと理解し、一人一人の尊厳を守っていくために、人間を評価する指標を見直すことは学級担任にとって不可避の課題である。

　皆で協力して課題に取り組むことで、集団の力を実感し、一人ではできなかった大きな成果を得ることができる。そのような経験を積む中で社会的な資質が育成され、集団に貢献しようとする個人の個性が伸長する。学級担任としては、そのような集団活動の中での個の育成を目指したい。しかし、同時に、効率的でなくても、大きな成果を出せなくても、全ての集団メンバーが認められ、安全で安心できる居場所を保障されるような集団

も志向したい。学級を〈場〉とする集団活動は、多様な成育背景をもち、それぞれに固有の特性や発達課題をもつ多様な子どもたちが、お互いに迷惑をかけ合いながら、紆余曲折を繰り返して行きつ戻りつしながら獲得していく、個人としての他者との関係のもち方の学習である。

　学級担任には、このような集団と個の動態を見据えながら、集団としての成果を出していくことと、個人を光らせていくことの両方を目的に据えた学級経営をしていくことが求められる。その羅針盤を見るときには、インクルーシブな社会の担い手を育てる方向を指しているか否かに注意していきたいものである。

［参考文献］

1　『生徒指導提要』文部科学省、2010 年、p.1

2　宮坂哲文「学級づくりと生活指導」『宮坂哲文著作集Ⅰ』明治図書、1975 年、p.142

3　天笠茂「学級の経営」伊津野朋弘編『教育の制度と経営』学芸図書、1991 年、pp.92-93 を筆者が要約した。

4　例えば、安藤知子「学校における指導組織と学級経営」浜田博文編『教育の経営と制度』一藝社、2014 年、p.161 参照。

5　澤正『学級経営』弘道館、1912 年

6　高橋克己「学級経営とは」『教職課程』Vol.36.No.5、2010 年 4 月号、p.10

7　高橋克己「学級に関する二つの概念モデル―『教授効率志向』と『集団づくり志向』―」『名古屋大学教育学部紀要（教育学）』第 45 巻(1)、pp.163-175

8　柳治男『〈学級〉の歴史学』講談社、2005 年、pp.148-156

9　河村茂雄『日本の学級集団と学級経営』図書文化、2010 年、p.59

10　高橋、2010 年、前掲論文、p.11

11　安井一郎「学級活動と人間形成」山口満編『特別活動と人間形成』学文社、2001 年、pp.127-128

12　『(平成 29 年告示) 小学校学習指導要領』文部科学省、2017 年、p.183

13　例えば、鈴木翔『教室内カースト』光文社、2012 年、pp.252-265

14　内藤朝雄『いじめの構造』講談社、2009 年

15　Society5.0 は、第 5 期科学技術基本計画（平成 28～平成 32 年度）において初めて提唱された日本が目指すべき未来社会像である。内閣府 HP（https://www8.cao.go.jp/cstp/society5_0/index.html）参照。

16　文部科学省では、文部科学大臣を座長とする「Society5.0 に向けた人材育成に係る大臣懇談会」を設置し、平成 29 年 12 月から教育制度の在り方についての議論を継続している。文部科学省 HP（http://www.mext.go.jp/a_menu/society/index.htm）参照。

17　例えば、蘭千壽・高橋知己『自己組織化する学級』誠信書房、2008 年

子どもの変容を生み出す「効果のある学校づくり」と生徒指導

鳴門教育大学大学院教授　久我直人

1　日本の学校教育の構造的課題とその課題解決のシナリオ

（1）日本の学校教育の構造的課題

　今日の日本の学校教育において、学力低下やいじめ、不登校、学級崩壊等の諸問題が顕在化し、社会問題としても取り上げられる状況にある。そもそも学校教育は、学力保障と社会性の醸成を主たる機能としているが、学力の格差が広がり（苅谷、2001；田中、2008 等）、社会性の醸成の側面においても、児童生徒の規範の乱れ、人間関係の構築不全に起因するいじめや学級崩壊、不登校等の問題が指摘されている（河村、1999 等）。

　これら学力低下や生徒指導上の諸問題に対して、教育行政（教育委員会等）や各学校は、それぞれの問題ごとに対応策を議論することが多い（各県市町村における「学力向上プラン」の策定、いじめ対策推進室の設置等）。つまり、生起する問題に対して、「学力低下」に対しては「学力向上」のための対応策を、また、「いじめ」に対しては「いじめ防止」のための対応策を、という顕在化した問題（現象）を解消することを目的にしてその解決策が立てられてきた傾向が捉えられる。

　しかし、生起するこれら学力低下の問題と生徒指導上の諸問題は別々の問題であろうか。筆者が学校訪問等で目にする生徒たちからは、「学習へのあきらめ」と「生徒指導上の諸問題」は、生徒の内面においてつながっていると強く感じる。今一度、子どもの学びや学校生活で生起する諸問題（行動レベル）について、その行動を引き起こしている内面的な要因を根拠（エビデンス）に基づいて省察し（内面レベル）、その根源的な原因に適合した打開策を生成し、対応することが求められていると捉える。

例えば、久我（2009）は、問題を抱えた子どもの変容を促す効果のある対応の在り方を、省察概念を用いて分析している。その中で、問題（行動レベル）に対して、①直接的に問題を解消しようとする行動制御型の対応（行動レベル）と、②その問題の根源的な原因を探索（内面レベル）し、その原因に適合した対応では、子どもの行動の改善性が全く異なることを明示している。行動制御型の指導の限界と内面レベルへの働きかけの効果を可視化し、指導の質的改善の必要性を示唆している。

　また、学校運営においても、それぞれの個別の問題（学力低下、いじめ、不登校等）に対して改善策（学力向上プラン、いじめ防止教育計画、不登校未然防止計画等）を立てて対応しようとするあまりに、学校の中にさまざまなプランが乱立し、教職員の組織力が低下し、かえって効果が得にくい状況に陥る傾向も捉えられている（久我、2010）。佐古（2005）は、学校の組織状況に関する実証的研究において、「子どもの複雑性、問題性が増大し、（個々の教師の）個人的な知識や経験での対応が困難な状況が広く認識されているにもかかわらず、他方では学校組織の個業化が進展している」ことを指摘し、教師の意識と行動が組織化ではなく、個業化の方向へ傾斜していることを指摘している。このことは、中央教育審議会「今後の教員養成・免許制度の在り方（答申）」（文部科学省、2006）においても「教員の間に学校は一つの組織体であるという認識が希薄になっていることが多かったり、〜中略〜学びの共同体としての学校の機能（同僚性）が十分に発揮されていない」状況にあることが指摘されている。

　つまり、学校教育を取り巻く環境の変化の中で、教職員間における教育課題の共有が希薄化していること、個別分散的な取組が進行することにより、教職員の協働意識が低下し、学校の組織力が脆弱化していることが指摘されている（久我、2011）。

　このように教育環境が変化し、教育の困難さが増す中、教師の「個業化傾向」のデメリットを縮減し、教師の主体的な教育活動への取組を活性化させる学校の「組織化」をいかに実現できるかは、喫緊の課題といえる。

（2）学校教育の複合的な課題を同時に解決する教育再生のシナリオ

　このような日本の学校教育の構造的な課題を打破するためには、今一度、

「子どもが抱える根源的な教育課題とは何か？」を問い直し、その課題に適合した効果のある打開策を生成することが求められる。このような状況の中、今後求められる学校教育における改善のシナリオとして、①学校教育の機能に鑑みて子どもの学びの内実（学力保障）と生活の安定（社会性の醸成）を支える主たる要因を構造的に解明し、②その主要因に直接的に働きかけ、機能的に学びの内実と生活の安定を生み出す「効果のある取組」を設定し、③その取組を組織として共有し協働的に展開すること、を構想した。そして、子どもが抱える根源的な課題に働きかける組織的な取組を通して、①子どもの変容と、②教職員の組織化、さらには、③教育の質的改善を同時に具現化することを構想した。

2　子どもが抱える教育課題の構造とその構造に適合した「効果のある指導」

（1）学習への意欲と規範意識を支える構成要素とその構造の可視化
❶学習への意欲と生活の安定を支える構成要素

　子どもの学習への意欲や生活における規範意識を支えている主要な要素は、どのようなものであろうか。梶田（1988）は、「その人の基本的態度や行動を支えるものであり、また、個人の行動や態度などに大きく影響を与える」中核的な概念として「自尊心（self esteem）」を明示している。「自尊心（self esteem）とは、自分自身を基本的に価値あるものとする内的な感覚である」と定義している。水間（2002）は、「自尊心はわれわれの意識的・無意識的な心理的支えとして不可欠なもの」であり、「自己を価値あるものとして感じることができないことは不適応の状態にある者の特徴である」ことをホーナイ（1945）等の研究を引用して論じている。

　また、池田（2000）は、重なりの大きな概念である「自尊感情」について、ローゼンバーグ（1979）が作成した自尊感情尺度を用いて調査を行い、自尊感情の四つの感覚（「包み込まれ感」、「社交性感覚」、「勤勉性感覚」、「自己受容性感覚」）を抽出し、その中の（身近な他者からの）「包み込まれ感」が自尊感情の基盤をなしていることを見出している。

一方、桜井（2009）は、学習意欲の発現プロセスとして、内発的学習意欲の源を「有能感」、「自己決定感」、「他者受容感」の三つの要素を指摘している。その中で「他者受容感」の特殊性を指摘し「これだけが対人関係要素である」ことを指摘し、他者からの被受容感が「内発的学習意欲のみなもと」の重要な要素として位置づけている。このことは、池田（2000）の指摘と重ね合わせると身近な他者からの被受容感（包み込まれ感）が、「自分を価値ある存在」としての認識を支え、さらには内発的学習意欲を含めた「その人の基本的態度や行動を支える」主要な要素であることが捉えられる。

　これらの知見に基づいて、「自分を価値ある存在」として捉える認識や、身近な他者からの被受容感、さらには、他者への信頼（保護者、教師、友達）等が、どのように学習における意欲を支え、生活における規範意識を支えているのかを可視化することを試みた。そして、生徒の学びや学校生活における意識と行動につながる主要な要素として、①「自分に対する信頼」、②（身近な他者からの）「被受容感」、③「他者への信頼」（「保護者信頼」、「教師信頼」、「友達信頼」）、④「学習意欲・理解」、⑤「生活規範」の五つを抽出し、その構造的な関係性（因果関係）について分析した。自尊感情を含めた「自分への信頼」と教師や友達、保護者といった「他者への信頼」、さらにはそのことと生徒の学習意欲や学校生活における規範意識とがどのような関係にあるのか、という生徒の意識と行動の全体的な構造を解明することを試みた。X県Y市Z区の公立中学校15校の生徒（1～3年生）、5,589名を対象に、2010年9月に学級ごとに質問紙調査で実施された。有効回答数は5,241名で、回収率は93.8%であった。回答は4件法を用いた。なお、本調査は、Y市教育委員会、Z区校長会の協力を得て、公立小学校30校の子ども（4～6年生）と調査対象の子どもの保護者、ならびに学級担任への調査と合わせて実施した。上記、質問紙調査のデータについて共分散構造分析ソフト IBM SPSS Amos Ver.19 を用いて共分散構造分析を実施し、**図1**のように、「学習意欲・理解」と「生活規範」を支える主要な要素と要素間相互の構造的な因果関係が一定程度、明らかになった（モデル適合度 CFI；0.972、RMSEA；0.044）。

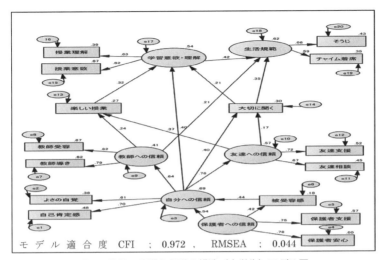

図1　生徒の意識と行動の構造（中学生）モデル図

　結果、学びや生活における基底的で主要な要素として「自分への信頼」が位置づけられ、この「自分への信頼」を支える要素として、「保護者への信頼」、ならびに「被受容感」からの有意なパスが捉えられた。また、さらに「自分への信頼」から「教師への信頼」と「友達への信頼」への有意なパスが捉えられた。これら基底要因をもとに、「学習意欲・理解」を支える要素として「自分への信頼」と「楽しい授業」、「（人の話を）大切に聞く」からの有意なパスが捉えられた。一方、「生活規範」を支える要素として、「学習意欲・理解」と「教師への信頼」、「（人の話を）大切に聞く」からの有意なパスが捉えられた。

（2）子どもの意識と行動の構造に適合した「効果のある指導」

❶自分のよさと向き合う場と時間の設定

　上記分析において、生徒自身が「わたし（ぼく）は、一人の大切な存在である」という自己の肯定的な認識を高め、「自分のよさを自覚化」することが学校生活への適応の基底要因であることが見出された。今一度、全ての生徒に自分自身と向き合う時間を設定し、全ての生徒が自分のよさを認識し、全ての生徒が自分の夢を語れるようにするためのツールとして「学びのポートフォリオ」を開発・設定することを構想した。また、「自己への

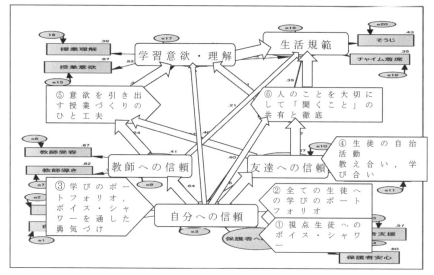

図2　生徒の意識と行動の構造に適合した取組の生成

信頼」を得にくい特別な配慮を必要とする生徒を「視点生徒」と位置づけ、合理的配慮のもと意図的・組織的な声かけ（ボイス・シャワー）の取組を構想した（**図2**、①②）。

❷「教師への信頼」を高める取組の設定

　「学習意欲・理解」と「生活規範」の意識の醸成において、直接的、間接的に「教師への信頼」の重要性が捉えられた。信頼を高める仕組みとして、「学びのポートフォリオ」、「ボイス・シャワー」等を媒介とした個別の支援、勇気づけの取組を構想した（**図2**、③）。

❸「友達への信頼」を高める取組の設定

　「友達への信頼」は、「学習意欲・理解」や「生活規範」に対して、「楽しい授業」や「人のことを大切にして聞く」ことを通して間接的に影響を与えていることが捉えられた。信頼を高める仕組みとして、行事・活動をより自治的に展開する取組を設定し、相互の信頼意識の醸成を図ることを構想した（**図2**、④）。

❹「楽しい授業」づくりの推進

　「楽しい授業」が「学習意欲・理解」と「生活規範」を支える直接的、間

接的な要因となっていることが見出された。この「学習意欲・理解」と「生活規範」に影響を与える「楽しい授業」づくりにおいて、生徒の学習意欲を引き出すひと工夫を設定する。また、個人・グループで学習を進める場を意図的に設定し、生徒の主体性を引き出し、全員参加型の授業づくりを推進することを構想した（**図 2**、⑤）。

❺規範意識の醸成

　「生活規範」、「学習意欲・理解」の両面に影響を与える効果のある指導として「人のことを大切にして聞く」ことが抽出された。学習規律、生活規範を醸成する主要な取組として設定することを構想した（**図 2**、⑥）。

3　効果のある学校づくりの実践とその効果

（1）実践研究の経緯

　実践研究校（A 校）は、県内で最大規模の中学校で、生徒指導困難な状況が長年続いていた。A 中学校へ筆者が関わって進めた実践研究の経緯は以下のとおりである。

① 2012 年 12 月；学校訪問、学校アセスメント（生徒、教職員、保護者アンケート）を実施し、学校の実態をエビデンスベースで可視化した。

② 2012 年 12 月；アセスメントデータを整理し、可視化した結果を全教職員に提示し、そのデータをもとに組織的省察（ワークショップ型研修）を行った。そのことを通して、生徒が抱える教育課題を組織的に共有するとともに、自校の生徒が抱える教育課題に適合した具体的な取組のアイデアを出し合い次年度の教育課程編成につなげた。それをもとに A 中未来プロジェクトが策定された。

③ 2013 年 4 月；「A 中未来プロジェクト」を教職員と生徒で共有し、全校での取組とした。

④ 2013 年〜2018 年；年間 3〜4 回訪問し、本プログラムを継続的に支援した（〇生徒向け講話（4 月）、〇保護者講演会、〇校内研修、（〇青少年健全育成会は、2015 年まで実施））。2013 年 4 月より B 校長が赴任し、「A 中未来プロジェクト」が推進された。

（2）実践研究校の実態と課題

　当初、Ａ中学校の実態として、一部の生徒の強い荒れが見られ、粗暴な言動で学校全体へ負の影響が及んでいることが捉えられた。その影響を受け不安定になる生徒が存在し、授業中の立ち歩き等、多弁・多動な生徒が多数存在していた。また、その状況に、教師の指導も統制的な指導が目立ち、行動制御型の強い指導が散見された。一部生徒の問題行動に対して、家庭や地域の人たちの心配と不信感も捉えられた。

（3）実践研究校での取組の枠組みとその構造

　このような実態を踏まえながら、今一度、生徒が抱える教育課題を整理し、特に、①自分への信頼（「私は一人の大切な人間である」）がＺ区と比較して低い実態（強い肯定意見について、Ａ中；30.1％、Ｚ区；35.2％）があること、また、②規範意識（「私は授業開始には、着席している（チャイム着席ができている）」）においても低い実態（Ａ中；32.4％、Ｚ区；40.1％）を共有した。さらに、生徒の意識と行動の構造図を示し、Ａ中生徒の課題である、①「自分への信頼」が、学習への意欲と生活の安定の基底要因であり、「自分への信頼」の醸成が不可欠であること、さらには、②組織的な規範づくり（一点突破の取組）が有効であることを提示した。

　このデータ等をもとにして全教職員で組織的な省察（ワークショップ型研修）を行い、各々が感じている生徒が抱える教育課題についての実感を出し合い、さらに、その課題解決の取組のアイデアが出し合われた。

　そして、Ａ中未来プロジェクトの全体構想（**図3**）を構成し、さらには、各分掌部長を中心に具体的な取組の展開計画（**図4**）を策定した。

（4）実践研究校の取組の過程

❶勇気づけの取組

　Ａ中の生徒が抱える根源的な課題として、「自分への信頼」の低さがあった。この教育課題解決のために勇気づけの「ボイス・シャワー」の必要性と有効性が共有された。特に、自分への信頼が低く、内面が整いにくい生徒へは名前を共有し、組織的な勇気づけが行われた。

❷自律的な学びを生み出すための夢・目標の設定の取組

　生徒自身が自らの学びと将来の夢を結び付けながら自律的な学びを促す

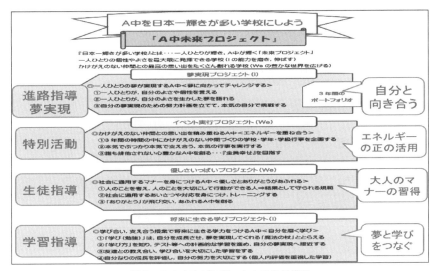

図3　Ａ中未来プロジェクトの全体構想

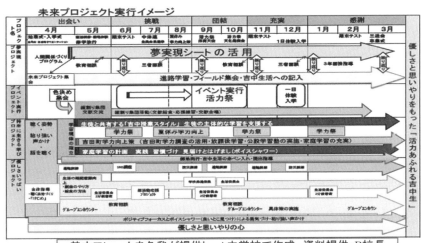

図4　Ａ中未来プロジェクトの展開計画

ために「夢実現シート」を開発し、導入された。これは、「自己調整学習」の概念に基づいて、生徒自身が自分の学びと将来の夢をメタ認知することを促すことを構想して開発された「学びのポートフォリオ」（久我、2015）を援用して設計された（**図5**）。

図5　夢実現シート

❸健全な規範意識を醸成する取組

　健全な規範意識を醸成するための取組として、「人のことを大切にして
聴く」ことに重点をおいて取り組むことが共有された（一点突破の共通徹
底事項として策定）。聴くことへの組織的な取組を通して、自分のことを
優先した（自分勝手な）思考から、他者を意識したソーシャルスキルをト
レーニングし、健全な他者意識を組織的に醸成することに取り組んだ。

❹主体的な学びを生み出す授業づくり

　個々の生徒の「自分への信頼」の醸成と「聴く」ことの徹底を通した学
級集団の安定した規範の上に、主体的な学び合いを生み出す授業づくりが
構成された。「A 中授業スタイル」として、教科の違いを越えて組織的に
取り組まれた。①授業の目標の明示、②主体的な学びを生み出す学習課題、
③自力解決と学び合い、④学びの振り返り、を主要な構成要素として共有
され、授業が実施された。

❺生徒のエネルギーを活用した自治的活動づくり

　全校生徒が自分たちの意思で、学校生活の安定や活力ある行事を生み出

すために全校集会が計画的に展開された。具体的には、例えば、「そうじ」の徹底を促すために、「そうじ」を「笑顔創自（そうじ）」として、「自分を創る掃除を皆で考え実施しよう」と集会で呼びかけられ、共有された。また、「全校話し合い集会」で体育祭の種目決定を行うなど、自分たちの学校文化を自分たちの手で創り出す自治意識が醸成されていった。

（5）実践研究の効果

❶学びと生活の意識と行動の変容

　この間の組織的な取組を通して、生徒の意識と行動の変容が確認された。授業への意欲の項目において、強い肯定意見が20.6%から50.5%に向上し、授業理解の項目において、同じく17.6%から36.3%に向上した（図6）。

　また、生活規範にかかる項目においても、「聴く」ことにかかる項目において、強い肯定意見が31.3%から63.1%に向上し、「そうじ」にかかる項目においても、同様に、22.7%から57.4%に向上した（図7）。

❷自分への信頼と被承認感の変容

　生徒の意識と行動の構造から読み解くと学習への意欲や生活の安定を生み出す基底要因が「自分への信頼」であり、その醸成を促す要因が「被承認感」であることが可視化されている。A中学校の生徒の学習への意欲や生活の安定を生み出した要因として、「自分への信頼」の高まりと、それを支えたのが身近な他者からの承認であったことが捉えられた。組織的な勇気づけのボイス・シャワーが、自分への信頼を高め、学習への意欲や生活

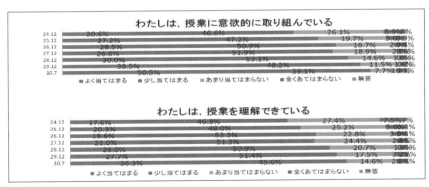

図6　授業への意欲、理解の変容（生徒データ）

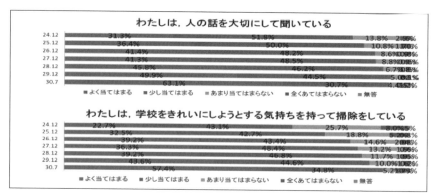

図7　生活規範にかかる変容（生徒データ）

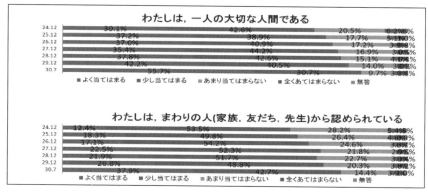

図8　「自分への信頼」にかかる変容（生徒データ）

の安定を生み出すメカニズムを駆動させたことが推察された（**図8**）。

❸心理的安全性の向上による集団の活性化の促進

　また、集団への信頼の指標である「心理的安全性」にかかるデータをもとに分析を加えると、クラス集団への「排他されない安心感」やお互いのよさを認め合うクラスの雰囲気（クラスの心理的安全性）が、目標に向かって努力できるクラスの活力（集団の自律性）を生み出し、さらにクラスの規範意識を醸成することが可視化された（**図9**）。

（6）「効果のある学校づくり」がもたらす期待される効果

　これまで、いじめや不登校等の生徒指導上の問題に対して、それぞれの問題への対症療法型の対策がなされる傾向があった。しかし、本稿では、

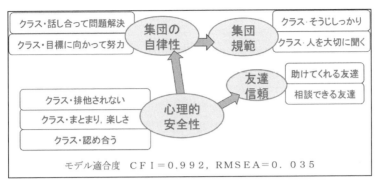

図9　「心理的安全性」と集団の自律性（生徒データ）

生起する生徒指導上の問題を病因論に基づいて、①本人にかかる要因と、②学級・学校における人間関係や集団の文化を要因として整理し、生起する生徒指導上の問題への対応の在り方として、日常の教育活動の中で、①一人一人の生徒の自己肯定感等、健全な自己認識を促すことと、②学級・学校における生徒同士の人間関係や集団文化を良質化すること、を同時に進めることの必要性と有効性を提案した。その中で、集団の文化の良質化を図るために、「心理的安全性」という経営学の概念を援用することが、今後の生徒指導の新たな在り方を示すものと捉える。

❶心理的安全性の向上を通した「いじめ」、「不登校」等の低減への期待

　いじめや不登校等の大きな原因に、クラスへの「心理的安全性」が担保されていないことが捉えられる。したがって、効果のある学校づくりを通したこのクラスの心理的安全性を醸成する仕組みが、不登校やいじめの解決に結び付く有効な取組となることを示唆していると言える。

❷教師の専門性の向上の可能性

　久我（2011）は、子どもの変容を生み出す優れた教師は、子どもの行動をポジティブフォーカスし、積極的に子どもを勇気づけていることを可視化している。本実践研究では、その効果のある指導を「ボイス・シャワー」として組織的に取り組むことによって、子どもの変容を組織的に生み出した。この取組は、同時に教師が、子どもをポジティブフォーカスして勇気づけることで、教師の指導スキルを向上させてきたことが捉えられる。つ

まり、効果のある学校づくりを通して、教師の指導の質を向上させ、教師の専門性の向上も促したことが示唆された。

　本実践研究において、子どもの学びや生活の安定を生み出す基底要因を可視化し、その構造に適合した効果のある指導を組織的に取り組みその効果を検証した。この教育の構造的な取組は、他の学校、校種にも汎用可能であり、さらに実践研究を積み重ねて本モデルを精緻化することが今後の課題である。

[参考文献]
●苅谷剛彦『階層化日本と教育危機』有信堂、2001 年
●田中耕治『教育評価』岩波書店、2008 年
●河村茂雄『学級崩壊に学ぶ―崩壊のメカニズムを絶つ教師の知識と技術』誠信書房、1999 年
●久我直人「教師の『省察的思考』に関する事例的研究―問題を抱える子どもに対応する教師の省察の過程を通して―」『鳴門教育大学研究紀要』24、2009 年、pp.94-107
●久我直人「教師の組織的省察に基づく教育改善プログラムの開発的研究―『教師の主体的統合モデル』の基本理論―」『兵庫教育大学教育実践学論集』第 12 号、2011 年、pp.15-26
●佐古秀一『学校の自律と地域・家庭との協働を促進する学校経営モデルの構築に関する実証的研究』平成 15 年度～平成 17 年度科学研究費補助金（基盤研究（C））研究成果報告書、研究代表者、佐古秀一、2005 年
●文部科学省中央教育審議会「今後の教員養成・免許制度の在り方（答申）」2006 年
●久我直人「中学生の意識と行動の構造に適合した教育改善プログラムの開発的研究―教育再生のシナリオと理論の実践―」『兵庫教育大学教育実践学論集』第 15 号、2014 年、pp.39-51
●梶田叡一『自己意識の心理学』（第 2 版）東京大学出版会、1988 年
●水間玲子「自己評価を支える要因の検討―意識構造の違いによる比較を通して―」梶田叡一編『自己意識研究の現在』ナカニシヤ出版、2002 年
●Horney,K., 1945, Our inner conflicts : A constructive theory of neurosis . New York:W.W. Norton & Company.（我妻洋・佐々木謙訳『ホーナイ全集 5：心の葛藤』誠信書房、1981 年）
●池田寛『学力と自己概念』部落解放・人権研究所、2000 年
●Rosenberg,M., 1979, Conceiving the Self . New York : Basic Books.
●桜井茂男『学習意欲の心理学―自ら学ぶ子を育てる』誠信書房、1997 年

開発的生徒指導の実践と協働体制の構築
―カリキュラムマネジメントの視点から―

横浜国立大学大学院教授　倉本哲男

1　はじめに

　新学習指導要領で脚光を浴びる二大概念は、カリキュラムマネジメント論（Curriculum Management）とアクティブラーニングである。特に、本著の趣旨（チーム学校時代の生徒指導をつくる）を「生徒指導による学校改善論」と再解釈した場合、その分析的視点となる重要概念の一つは、カリキュラムマネジメント論であろう。

　近年、学校教育のカリキュラム研究において、教育目標のもとに開発されたカリキュラム内容・方法論が「いかなる教育的効果を上げるのか」等の側面に加え、「カリキュラムを誰が創りどう動かすのか」との視点から、条件整備・組織運営の側面にも着目する研究領域が重視されている。

　そこで、カリキュラムマネジメントとは、学校カリキュラムの開発・経営が、「学校組織にどのような改善効果を持ち、生徒にどのような学習効果を上げるのか」を命題に、教育経営学と教育方法学が相互補完的に重なる「融合的」なカリキュラム研究領域を対象とする。つまり、学校改善に寄与するカリキュラムマネジメント論とは、学校教育目標の具現化・実践化を図り、生徒の教育的育成、および組織内外の醸成・発展を通して組織評価をする、カリキュラム PDCA 過程による学校経営論であると総括できよう（高野、1989；中留、1993；倉本、2008；Kuramoto、2014；齋藤／倉本、2018；English 1996, Fernandez & Yoshida, 2004）。

　次に、『生徒指導提要』（2010）によれば、生徒指導とは、「一人一人の生徒の人格を尊重し、個性の伸長を図りながら、社会的資質や行動力を高めることを目指して行われる教育活動」であり、教育課程の内外において一

人一人の生徒の健全な成長を促し、「自己指導能力」の育成を目指すものと整理されている。

その「自己指導力」の構成要素は、「自己決定の場・自己存在感・人間的ふれあい」が「生徒指導の三機能」として著名であるが、学校教育目標を達成する上で重要な機能を果たすものであり、学習指導とならんで学校教育において重要な意義をもつと論じられる（坂本、1999）。

さらに、生徒指導の指導観のタイプとして、原田（2003）は「学校管理型生徒指導」、「教育指導型生徒指導」、「生徒理解型生徒指導」に分類し、江川（2000）は、特に指導目的論に着目し、「予防的目的」、「治療・矯正的目的」、「開発的目的」としている。そこで倉本（2007）は、上述の論調を踏まえつつ、潜在的な生徒のよさを伸ばす開発的な視点から生徒指導を再吟味して、「予防的生徒指導」、「対処的生徒指導」、「開発的生徒指導」に3類型化し、本稿では、後述する「開発的生徒指導」に特化して論じていく。

ここで一般に、学校教育カリキュラムとは、学習指導要領に示される教科・領域に関する「顕在カリキュラム」を意味するが、「潜在的カリキュラム」（Hidden Curriculum）の視点から考察する際（Kuramoto, 2014；Henderson, 2000）、「自己指導力」の育成を教育目標とする生徒指導論も、学習指導とならんで重要な学校カリキュラム論の一形態と解釈できる。

一方、教育経営学の範疇では、その組織的な潜在性は、リーダーシップと学校文化（school culture）等で論じられるが（Thacker, 2009・Ciaran, 2015）、概してこれは、学校組織の構成員である教職員の主な価値観や行動規範等を対象とする。これに加え、社会的資質や行動力を高める生徒の「自己指導力」の視点から考察する場合、生徒自身が創造する学校文化・雰囲気に関する論及「潜在的カリキュラム」は、ほとんど存在しなかったと指摘できよう。

そこで、本稿では、「開発的生徒指導」を「潜在的カリキュラム」と把握し、それをマネジメントする学校改善論を整理して、「開発的生徒指導によるカリキュラムマネジメント」を提案的に論じていく。

よって、第1に、生徒指導観のパラダイム転換を図る目的で実施した「生徒と教師が持つ生徒指導に対するイメージの差異に関する調査」を検

討する。第2に、生徒指導の3類型の中でも、特に「開発的生徒指導論」
に着目し、その理論構造を整理する。そして第3に、カリキュラムマネジ
メントの視点から、生徒指導と学校改善との関係性について論じ、学校マ
ネジメントとしての「協働体制の構築」にアプローチする。

2　開発的生徒指導論とカリキュラムマネジメント

（1）生徒指導論のパラダイム転換（生徒指導の3類型）

　既述の『生徒指導提要』が論じるように、生徒指導とは、教育課程の内
外において一人一人の生徒の健全な成長を促し、「自己指導能力」の育成を
目指すものである。しかし現実には、学校・教師側の管理的な指導観に派
生して、「生徒と教師間の生徒指導に対する認識のずれ」が看過できない場
合があり、このことは、生徒指導が予防的、対処的なものに重点を置き過

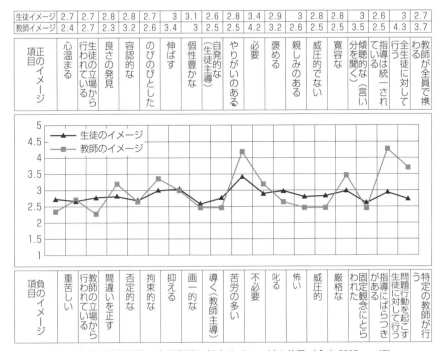

| 生徒イメージ | 2.7 | 2.7 | 2.8 | 2.8 | 2.7 | 3 | 3.1 | 2.6 | 2.8 | 3.4 | 2.9 | 3 | 2.8 | 2.8 | 3 | 2.6 | 3 | 2.7 |
| 教師イメージ | 2.4 | 2.7 | 2.3 | 3.2 | 2.6 | 3.4 | 3 | 2.5 | 2.5 | 4.2 | 3.2 | 2.6 | 2.5 | 2.5 | 3.5 | 2.5 | 4.3 | 3.7 |

図1　生徒と教師が持つ生徒指導に対するイメージの差異（倉本2007、p.47）

ぎた結果とも考察可能であろう。

　例えば、生徒指導観のパラダイム転換を図る目的で実施した「生徒と教師が持つ生徒指導に対するイメージの差異に関する調査（2006）」（中学生216名/中学教師152人、18項目・5件法）では、**図1**のとおりであった。

　つまり、これらの調査項目の正負の分析から、無意識にせよ、教師が生徒に対して威圧的態度で接するがゆえに（全国的・全学校ではないにしても）、実は、生徒の多くが生徒指導をマイナスイメージで捉えていることが理解できる。教師の指導的意図が思うように伝わらず、その結果、教師自身でさえ、生徒指導を負担に感じる実態の一端も垣間見ることができる。

　そこで、上述の生徒指導上の課題を克服する意味で、既述の先行研究も踏まえながら、生徒のよさ（個性・潜在性）を組織的・意図的に伸ばす開発的な視点から、これまでの生徒指導論を再吟味し、「予防的生徒指導」、「対処的生徒指導」、「開発的生徒指導」に3類型化した。その定義・構造図、および各実践事例の関係性は**図2**のとおりである（倉本、2007）。

① **「予防的生徒指導」** とは、学級・学校等の集団秩序を保ち、集団性を高めるために必要な基本的生徒指導のことである。全国の典型的な指導例としては、校則の遵守・問題行動の「予防的」指導等が挙げられる。しかし、一般的に、生徒が「予防的」な指導意義を理解できず理不尽なものと受け取ってしまい、心理的に受容できないケースが全国的にも数多く指摘されている。

② **「対処的生徒指導」** とは、生徒の問題行動が発生した場合に教育的に対応し、望ましい状態に導く生徒指導のことである。生徒の問題行動は単発的指導で改善できることは極めて少なく、事例によっては医療機関・法的機関・福祉的機関との連携も課題となり、協働的・継続的指導を要する。その典型例は、万引き・恐喝・暴力・ドラッグ・いじめ・不登校等の対処である。

③ **「開発的生徒指導」** とは、潜在的な「生徒のよさ」を日常の教育活動から発見し、自覚させ、引き伸ばしていく組織的生徒指導の総称のことである。生徒指導は「対処」と「予防」に限定される傾向があり、

生徒を「上から押さえつける」イメージがあるが、決してそうではなく、本来は認め、ほめつつ、生徒のセルフエスティーム、および「自己指導能力」を育成する指導である。その方法論は枚挙に暇がないが、基本的な促進要因は教師と生徒、および生徒間の「相互コミュニケーション」、学級・学校の「支持的風土」にある。

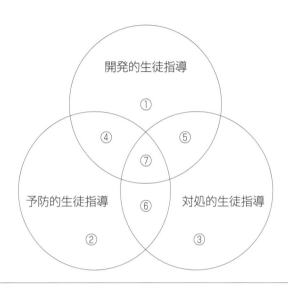

	具　体　例
①	あらゆる場面で全ての生徒を対象とした、育くる指導 　　授業中などにほめる、社会的スキルを伸ばす、自分のよさを自覚させる
②	一部の気になる生徒に対して、深刻な問題へ発展しないように予防する指導 　　登校の渋りや遅刻等があれば即対応する、保健室へ頻繁に行く生徒への早期対応
③	特定の生徒に対して、深刻な問題解決を行う指導 　　触法行為、いじめ、不登校、暴力行為、性の逸脱行為などの問題行動への対応
④	全ての生徒に対して基準を示したり考えさせたりする、問題発生の予防的指導 　　校則、交通安全教室、飲酒喫煙防止教室、薬物乱用防止教室、情報モラル学習
⑤	問題行動の指導で言葉や文字に起こすなど、自己反省を促す・助ける 　　失敗によって学習したプラス面を活かす指導、本人の強みを引き出す指導
⑥	特定の生徒に対しての指導後、その他の生徒に同じ問題を起こさせないようにする指導 （教師による指導体制の見直しやルール設定、事例から予防策を強化する等）
⑦	対処と予防（⑥）に開発的要素（①）が強調される指導 　　指導を受けた生徒が同じ問題を起こさないために自分でルールを決めたり、教師がカウンセリングマインドによって本人のよさに気づかせたりする指導

図2　生徒指導の3類型とその関係性

つまり、開発的生徒指導の学校組織レベルでは、生徒のよさ（個性・潜在性等）、および「自己指導力」を育成する開発的な視点から、生徒指導を組織的・意図的に検討して、そのカリキュラムをマネジメントしていくことが重要となる。

　さらに、**図2**に整理した具体的な開発的生徒指導の実践は、①あらゆる場面で生徒を対象とした育てる指導であり、授業中にほめる、社会的スキルを伸ばす、自分のよさを自覚させることが全般的な基本形となる。

　次に、④予防的な要素を含む開発的生徒指導とは、全ての生徒に対して基準を示したり考えさせたりする、問題発生の主体的な予防的指導等が基底となる指導観があり、校則等を教材にして考えさせる事例が典型例である。また、⑤対処的な要素を含む開発的生徒指導とは、深いディスカッションを図るなど、自己反省を促す・支援する（メタ認知の促進）の手立てが通常であるが、一般的な指導観として、失敗によって学習した事柄をプラス面に活かす指導、生徒自身の強みをさらに引き出す指導観等が該当する。

　最終的に⑦3類型を統合する開発的生徒指導は、指導を受けた生徒が、同様な問題に直面しないように、生徒が自己教育力を育み、自分自身でルールを決定したり、教師がカウンセリングマインドを発揮して本人のよさに気づかせたりする指導スタイルの総称を意味する。

（2）開発的生徒指導の理論的構造

　上述のように、生徒のよさ（個性・潜在性等）、および「自己指導力」を育成する視点から、「予防的生徒指導」、「対処的生徒指導」、「開発的生徒指導」に3類型化し、その実践事例の関係性を整理した。

　そこで、特に「開発的生徒指導」を重視する立場から、その理論的構成を成す基本概念である「セルフエスティーム」、「コミュニケーション」、「支持的風土（supportive climate）」等に検討を加え、ここでは「開発的生徒指導論」の全体構造の理論的構築を試み、それらを構造図に示す。

　第1に、概して「セルフエスティーム」とは、一般に「人が自分の自己概念と関連づける個人的価値、及び能力の感覚」と定義づけられる（遠藤・井上・蘭千、1992）。つまり、端的にセルフエスティームとは、個人が自身

に対して行う自己評価であるが、他者評価の間接的影響も受けて変動する
メタ認知とも換言できよう。即ち、自己に対するポジティブ評価となれば、
必然的にセルフエスティームは上昇するが、ネガティブ評価になる場合、
セルフエスティームが低下する現象となる。そのセルフエスティームの変
動要因として、学校教育の場合、学級集団・学校組織の環境的要因（学校
文化・雰囲気等）が該当し、集団と個人との作用・反作用にある。よって、
思春期の生徒が自信をもつためには、大人（教師・家庭）や友人からの賞
賛、感謝などが最大級の間接因子となる（ポープ／高山訳、1992）。

　また、近藤（2010）によると、自尊感情には「基本的自尊感情」と「社
会的自尊感情」の二つの領域がある。「基本的自尊感情」とは、自尊感情の
基礎をなすものであり、比較や優劣（相対性）とは無縁に、絶対的・根源
的な「思い」として、「自分はこのままでよい（good enough）」と認知で
きる感情である。一方、「社会的自尊感情」は、相対的に他者との比較や優
劣で決定され、社会的環境等の間接的要因の影響を受けやすい。

　つまり、セルフエスティームには、個人内で自身を評価するケースと、
集団の影響を反映して形成されるケースの 2 類型があり、個人内のセルフ
エスティームを「自尊感情」、集団内でのセルフエスティームを「自己有用
感」と定義されるのが一般的である。両者の関係性には、家庭・学級・学
校集団内部で「自己有用感」を得ることで「自尊感情」が高まる相関関係
があり、「自己有用感」としてのセルフエスティームがより広義なものであ
り、これらには包含関係があると考えられる（倉本、2007）。

　さらに、ローレンスによれば、「自己概念」の下部構造に「自己像」（そ
の人物がどういう人であるのか）、「理想自己」（その人物がどういう人であ
りたいのか）、および「自尊感情」を挙げている。よって、「自尊感情」と
は、自己概念の一部であり、ありたい姿の「理想自己」と実際の「自己像」
とのギャップ（差異）に対する自己評価（メタ認知）、潜在的感情であると
端的に論じている（ローレンス／小林訳、2008）。

　第 2 に、「コミュニケーション」とは、セルフエスティームを高める必須
の媒介要因となるが、「自己有用感」を得るためには、特に欠かせない間接
的因子であり、「言語コミュニケーション（verbal communication）」、

「非言語コミュニケーション（non-verbal communication）」に分類でき
る。橋元は「言語コミュニケーション」について、言葉には、発すること
によって事実を成立・実現させる能力があると説明する（橋元、1997）。一
方、「非言語コミュニケーション」は、実は「言語コミュニケーション」以
上に場の雰囲気に影響を与え、2種類の相互的コミュニケーションを通し
て集団の特性を形成する。特に、積極的な「支持的風土」は、「非言語コ
ミュニケーション」から多大な影響を受けると考察する（植村・松本・藤
井、2000）。

　第3に、その「支持的風土」とは、学校教育の場合、生徒の相互理解を
深めること、学級の中で自分の問題を素直に打ちあけ、互いに他者の問題
を自分の問題として受け止め、共に問題解決に取り組んでいこうとする集
団の雰囲気（規範や行動基準）や意欲と論じられる。よって、「支持的風
土」の醸成とは、社会的資質や行動力を高める生徒の「自己指導力」、生徒
自身が創造するポジティブな学校文化、生徒集団の雰囲気に関する理論
（潜在的カリキュラム）であると再整理できよう（倉本、2007）。

　以上の論調から、「開発的生徒指導」の理論構成をする各基礎概念である
「セルフエスティーム」、「コミュニケーション」、「支持的風土」等に検討を
加え、図3に示すように全体構造を理論的に整理した。

　次は、「開発的生徒指導」論を「潜在的カリキュラム」と把握し、それを
マネジメントする学校改善論を検討し、「開発的生徒指導によるカリキュ
ラムマネジメント」を提案的に論じていく。

3　「開発的生徒指導によるカリキュラムマネジメント論」と
　　学校改善論

　前項では、生徒指導の3分類と相互の関係性を整理し、特に開発的生徒
指導の理論的構造を論じた。次にここでは、開発的生徒指導論によるカリ
キュラムマネジメントの視点から、学校改善を図る留意点を論じていく
（生徒指導論を教育課程に位置づけ、教育活動相互の関係を捉え、教育課程
全体と往還させる「潜在的カリキュラム」のPDCA過程が重要であり、そ

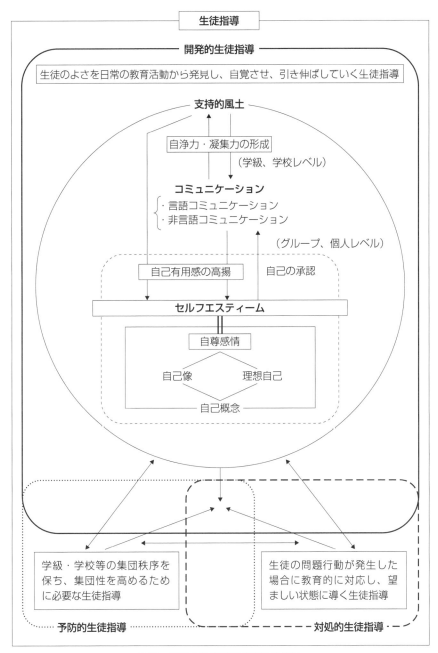

図 3　開発的生徒指導の理論的構造

の視点からもカリキュラムマネジメント論につながると総括できる）。

　まず、一般にカリキュラムマネジメントの基本構造は、1次円（生徒の教育的成長）、2次円（教職員の成長と学校内組織の改善）、3次円（学校外リソースとの協働的関係性の構築・発展）として理解できるので、「開発的生徒指導によるカリキュラムマネジメント論」を以下の3点で説明する。

1次円：学校教育目標のもと、デザインした開発的生徒指導からみる「潜在的カリキュラム」を視覚化・顕在化し、「生徒のよさ」を日常の教育活動から発見し、自覚させ、引き伸ばしていく組織的な生徒指導の教育実践を行うこと。
2次円：教職員の価値観や行動規範のみに限定せず、学校の主人公である生徒と共に創造する積極的な学校文化（学校の雰囲気に配慮した生徒指導）の醸成を心掛けること。そのためのトップ・ミドルリーダーシップ、校務分掌等の組織編制の在り方を再吟味すること。
3次円：生徒一人一人が広義にはコミュニティーの社会的構成員・人的リソースである（市民教育論 /citizenship education）ことを踏まえ、主体的な人格の統一過程を支援していくこと（倉本、2008）。つまり、開発的生徒指導の推進は、その活動範囲を学校内に限定せず、コミュニティー改善につながる学校改善論（相互便益論）も加味すること。

　さらに、生徒に必要な資質・能力を育成する学習指導要領は、カリキュラムマネジメントを以下の3点から論じているが、それらを「開発的生徒指導によるカリキュラムマネジメント論」と学校改善論の視点から再考察すれば、以下のように整理できよう。

①学校の教育目標を踏まえた全教育活動の横断的な視点から、「潜在的な生徒指導」のカリキュラムを相互関係で捉え、「生徒のよさ」を日常の教育活動から発見し、自覚させ、引き伸ばしていく組織的な開発的生徒指導の教育内容を顕在化し、効果的に配列していくこと。
②生徒指導の質の向上に向けて、生徒の姿や地域の現状等に関する調査、

および各種データに基づき、開発的生徒指導に関する「潜在的カリキュラム」を視覚化・デザインし、実施・評価して改善を図る、生徒指導の PDCA 過程を確立すること。
③生徒指導を推進する上で「チーム学校」の視点から、教育活動に必要な人的・物的資源等を、地域等の外部の資源も含めて活用しながら、開発的生徒指導のカリキュラムを効果的にデザインすること。

　ここで、我が国の「学校改善論」とは、問題解決性を重視して教育経営の活性化、学校文化形成、自主的／自立的な組織体、開かれた協働性等の因子で構成されている。(中留、1993；倉本、2008；齋藤・倉本；2018)。
　例えば筆者が、開発的生徒指導論を協働で構想した研究指定校（佐賀県金泉中学校）の事例では、かつて多様な課題を抱えた「荒れた学校」が、なぜ、効果的に再生したのか、望ましい学校改善を成し遂げることができたのか、開発的生徒指導によるカリキュラムマネジメント論を通して、これらの点について若干の分析を加えてみる。
　第 1 に、2 次円の因子として、校長のリーダーシップの在り方が挙げられるが、これは典型的に「文化的リーダーシップ」と「教育的リーダーシップ」の要素が含まれている (Hallinger, 2005；Caposey, 2013)。また、事例校では、数種の開発的生徒指導プロジェクトを立ち上げ、教務主任・生徒指導主任・研究主任等の「ミドルリーダーシップ」を分散的に活用し、これにより「内部的協働性」を高めていく「プロジェクト・マネジメント」にその特徴があった。これは校長の学校文化を「読み取る目」とその醸成戦略によるものであり、「過去の状況を克服し、生徒が輝く明るい学校にしたい」との各教職員の思いを、校長が効果的に束ね、それを実現した学校改善のマネジメントは、特筆に値する。
　これに加え、3 次円の因子として、学校組織外の教育的リソースとの「外部的協働性」にも、一定のストラテジーをもっていた (Gelsthorpe & Burnham, 2003)。その事例の一つが「子育て合同会議」であり、そのメンバーは事例校の教職員に加え、公民館館長・PTA 会長・研究者（筆者）・地域ボランティア団体等で構成された。本会議は、月 1 回、定期的に実施

され、生徒を健全に育成する方法、および現状と課題等が活発に議論され、例えば「子どもがキラリと光ったと思うことは何か」、「子どもとの接点をどのようにして創っていくのか」等について議論を重ね、その後の開発的生徒指導の教育方針を固めていった。

　以上の方法論により、学校組織の内外的な協働性を構築したことが、「荒れた学校の再生」、「地域の信頼回復」という切実な学校改善課題を克服したものと理解できる。よって、事例校の学校再生・改善論は、現在の数多くの学校が直面する「教育の質的低下・信用失墜」等の緊急課題に対応する方策を示すものとして、一石を投じた学校改善のマネジメント事例であると考察できよう（倉本、2007）。

4　結語

　本稿は、開発的生徒指導の実践と協働体制の構築について、カリキュラムマネジメントの視点から論じることを主たる目的とした。特に、生徒と教師がもつ生徒指導に対するイメージの差異に着目し、生徒指導論のパラダイム転換を図る意味で、生徒指導論を3類型に分類した。その中でも「開発的生徒指導」を「潜在的カリキュラム」と把握し、それをマネジメントする学校改善論を「開発的生徒指導によるカリキュラムマネジメント論」として提案し、その「潜在的カリキュラム」の中心となる開発的生徒指導論の理論構造、および学校改善論との関係性について論じた。

　既述のように開発的生徒指導のカリキュラムマネジメントは、1次円、2次円、3次円で構成されるが、第1に、潜在的な「生徒のよさ」を日常の教育活動から発見し、自覚させ、引き伸ばしていく組織的な生徒指導の教育実践を行うこと、第2に、学校の主人公である生徒と共に創造する積極的な学校文化（学校の雰囲気・潜在性）の醸成を心掛け、リーダーシップ、校務分掌等の組織編制の在り方を再吟味すること、第3に、活動範囲が学校内に限定されず、コミュニティー改善をもって学校改善論（相互便益論）と把握することなどについて整理した。

　ここで、本稿を総括する上で示唆に富む理論として、学校文化の視点か

ら学校改善論を構築した著名な論者は、デールとピーターソンである。その学校文化論は、学校内外の組織構成員に共通する「模範（norms）・価値観（values）・信念（beliefs）」等が、潜在的に、学校独自の伝統や主流となる組織的な行動様式を生み出し、それが教育実践の総体へ影響を及ぼすとする。また、学校文化からみる組織マネジメント論には、「模範・価値観・信念の共有化」、「組織的雰囲気」、「労働の構造性」、「権威構造と経営構造」、「小集団実践方法」、「評価実践」等を挙げている（Deal & Peterson, 1994）。

　以上、これらの因子と1次円・2次円・3次円との関係性に鑑み、「協働体制の構築」をする学校改善論の一断面の観点から、開発的生徒指導によるカリキュラムマネジメント論は、有益な示唆に富むと考察可能である。よって、本稿の結論的に、我が国の「チーム学校の改善論」にアプローチする一方法論として、生徒指導のカリキュラムマネジメント論は有効であると総括したい。

[参考文献]

●Caposey, P., (2013). Building a Culture of Support: Strategies for School Leaders, Eye on Education.

●Ciaran, S., (2015). Unmasking school leadership: a longitudinal life history of school leaders, Studies in educational leadership / series editor, Kenneth Leithwood, vol. 20, Springer.

●Gelsthorpe, T., & Burnham, W., (2003). Educational Leadership and the Community: Strategies for School Improvement through Community Engagement: New York, Pearson Education.

●Deal, E., & Peterson, D., (1994). The Leadership Paradox; Balancing Logic and Artistry in Schools: San Francisco, Josses-Bass Publishers.

●English, F., & Larson, R., (1996). Curriculum Management for Educational and Social Service Organization: Springfield, Illinois, Charles C.Thomas Publisher.

●Fernandez, C., and Yoshida, M., (2004). LESSON STUDY, A Japanese Approach to Improving Mathematics Teaching Learning, NJ, Lawrence Erlbaum Associate, Inc.

●Hallinger, P., (2005). Instructional Leadership and the School Principal: A Passing Fancy that Refuses to Fade Away, Leadership and Policy in Schools, v4 n3 p221-239.

●Henderson, J., (2000). Transformative Curriculum Leadership: Englewood Cliffs, NJ, Merrill Prentice Hall.

●Kuramoto, T., and Associates., (2014). Lesson study and curriculum management in Japan: focusing on action research, Japan, Fukuro Pubisher.

●Thacker, T., Bell, (2009). Creating School Cultures that Embrace Learning: What Successful Leaders Do, Eye on Education.

●D. ローレンス著、小林芳郎訳『教室で自尊感情を高める』田研出版、2008年

● 植村勝彦『コミュニケーション学入門』ナカニシヤ出版、2000 年
● 江川玫成編『生徒指導の理論と方法（改訂版）』学芸図書、2000 年
● 遠藤辰雄編『セルフ・エスティームの心理学』ナカニシヤ出版、1992 年
● 倉本哲男編『開発的生徒指導論と学校マネジメント』ふくろう出版、2007 年
● 倉本哲男『アメリカにおけるカリキュラムマネジメントの研究―サービス・ラーニングの視点から―』
　 ふくろう出版、2008 年
● 近藤卓『自尊感情と共有体験の心理　理論・測定・実践』金子書房、2010 年
● 齋藤義雄・倉本哲男・野澤有希『教育課程論―カリキュラムマネジメント入門―』大学図書出版、2018
　 年
● 坂本昇一『生徒指導が機能する教科・体験・総合的学習』文教書院、1999 年
● 高野桂一『教育課程経営の理論と実際―新教育課程基準をふまえて』教育開発研究所、1989 年
● 中留武昭『スクールリーダーのための学校改善ストラテジ――新教育課程経営に向けての発想の転換
　 ―』東洋館出版、1993 年
● 橋元良明編『コミュニケーション学への招待』大修館書店、1997 年
● 原田信之編『心をささえる生徒指導』ミネルヴァ書房、2003 年
● 文部科学省『生徒指導提要』教育図書、2010 年

[監修]⋯⋯⋯⋯⋯⋯⋯⋯⋯⋯⋯⋯⋯⋯⋯⋯⋯⋯⋯⋯⋯⋯⋯⋯⋯⋯⋯⋯⋯⋯⋯⋯⋯

森田洋司 (もりた・ようじ)

大阪市立大学名誉教授、大阪樟蔭女子大学名誉教授・元学長、元鳴門教育大学特任教授。
博士（文学）。日本生徒指導学会会長、日本犯罪社会学会会長、日本社会病理学会会長、日本被害者学会理事長等、学会の要職を歴任。文部科学省第 8 期中央教育審議会初等中等教育分科会委員。
同省「いじめ防止対策協議会」座長。同省「不登校に関する調査研究協力者会議」座長。

山下一夫 (やました・かずお)

鳴門教育大学学長
博士（学術）、臨床心理士。京都大学大学院教育学研究科教育方法学専攻博士課程単位取得後退学。
1986 年に京都大学教育学部助手、1988 年に鳴門教育大学学校教育学部講師。同助教授、教授、理事・副学長を経て 2016 年より現職。

[編著]⋯⋯⋯⋯⋯⋯⋯⋯⋯⋯⋯⋯⋯⋯⋯⋯⋯⋯⋯⋯⋯⋯⋯⋯⋯⋯⋯⋯⋯⋯⋯⋯⋯

佐古秀一 (さこ・ひでかず)

鳴門教育大学理事・副学長
大阪大学大学院人間科学研究科博士課程単位取得退学。大阪大学助手、鳴門教育大学助教授、同教授を経て、現職。専門分野は、教育経営学（学校組織論、学校組織開発論）。

第1章
Ⅰ　天笠　茂（あまがさ・しげる）　　千葉大学特任教授
Ⅱ　佐藤晴雄（さとう・はるお）　　日本大学教授
Ⅲ　八並光俊（やつなみ・みつとし）　東京理科大学大学院・教職教育センター教授

第2章
Ⅰ　岡本順子（おかもと・じゅんこ）　元国際医療福祉大学大学院特任教授
Ⅱ　山野則子（やまの・のりこ）　　大阪府立大学教授
Ⅲ　後藤ひとみ（ごとう・ひとみ）　愛知教育大学特別執行役

第3章
Ⅰ　片山紀子（かたやま・のりこ）　京都教育大学大学院教授
Ⅱ　川地亜弥子（かわじ・あやこ）　神戸大学大学院准教授
Ⅲ　安藤知子（あんどう・ともこ）　上越教育大学大学院教授
Ⅳ　久我直人（くが・なおと）　　鳴門教育大学大学院教授
Ⅴ　倉本哲男（くらもと・てつお）　横浜国立大学大学院教授

　監修者である森田洋司先生におかれましては、2019年12月31日にご逝去されました。本書の監修においては、多大なるご指導やご助言をいただきまして、一同心から御礼を申し上げます。ここに謹んでご冥福をお祈り申し上げます。

シリーズ生徒指導研究のフロンティア

チーム学校時代の生徒指導

Ⅲ

2020年11月16日　初版第1刷発行

監　修	森田洋司・山下一夫
編　者	佐古秀一
発行人	花岡萬之
発行所	学事出版株式会社
	〒101-0021　東京都千代田区外神田2-2-3
	電話　03-3255-5471
	http://www.gakuji.co.jp
編集担当	町田春菜
組版・印刷・製本	精文堂印刷株式会社

落丁・乱丁本はお取り替えします。